JN063258

科 学 哲 学

53-1

日本科学哲学会

2020

PHILOSOPHY OF SCIENCE

Journal of the Philosophy of Science Society, Japan

Vol.53   No.1

2020

科学哲学 53-1 (2020)

自由応募論文

真理の多元主義は実質性を保てるか
—ドメイン概念の不備を指摘し真理の多元主義を批判する—

須田悠基

Abstract

Truth pluralism is a theory of truth stating that truth is realized in more than one manner. This theory has two goals: (1) to provide a model that can cope with every truth-apt proposition while accommodating the merit of each monist position and (2) to demonstrate that truth is substantive. To achieve these goals, truth pluralism depends on three theoretical tools: *minimalism concerning truth-aptitude, platitude*, and *domain*. In this paper, I will demonstrate how truth pluralism fails to achieve its goals since its theoretical tools are beset by some serious issues. Finally, I indicate the correct manner of truth pluralism to achieve the desired goals.

序論

真理論において，命題が真となる仕方が複数存在する，と主張する立場は「真理の多元主義 (truth pluralism)」と呼ばれる．この立場は複数の論者により広範に支持され，議論されてきており[1]，現状，真理論において1つの重要な立場と目されていると言える．真理の多元主義の眼目は，一元主義では許容できないが真理適合的である命題を上手く扱える理論を提供すること，そして，真理が実質的な性質であると保証すること，これら2点に集約できる．この目的を達成するために彼らが導入する道具立ては，〈真理適合性のミニマリズム〉，〈プラティチュード〉，そして〈ドメイン〉の3つである．本稿の目標は，これら道具立て相互の理論的関係から生じる難点を指摘することにより，真理の多元主義が当初の目的を達成できておらず，よって競合理論 (一元主義＆デフレ主義) に対して彼らが主張する優位性を示すためには，いくつかの追加タスクを処理する必要があると論証することである．

2019年9月21日投稿，2020年5月19日再投稿，2020年6月5日審査終了

本稿の構成は以下のようになる．まず，真理の多元主義が導入された背景・動機を確認することを通じて，競合理論（一元主義＆デフレ主義）との差分と，多元主義が〈真理適合性のミニマリズム〉という理論的前提を有する点を明示化する．そして，これらを踏まえると，真理の多元主義は2つの目的を持つ立場として定式化されることを確認する（1節）．この目的を果たすために真理の多元主義が〈プラティチュード〉と〈ドメイン〉という2つの道具立てに依拠していることを明らかにし（2節），その後，これら道具立てを同時に受け入れた際に生じる3つの困難を取り上げる（3節）．これら困難に対する真理の多元主義者の可能な応答を考察し，その応答のどれもが，真理の多元主義が当初掲げていた目的を逸する仕方でしか擁護できないため，真理の多元主義は，自らが主張する競合理論に対する優位性を保つことができないと論証する（4節）．最後に，本稿での論証による結論を整理し，真理の多元主義が自説の利点を確保するために今後行うべき課題を指摘する（結論）．

第1節　真理の多元主義——導入の背景と，競合理論との差異

　真理論において，命題が真となる仕方が複数存在する，と主張する立場は「真理の多元主義（truth pluralism）」と呼ばれる．より明瞭な形で述べ直せば，真理の多元主義——以下では単に「多元主義」と記す——とは，〈命題を真にする性質が複数存在する〉という考えを擁護する立場である[2]．

　この考えが実際に意味するところを把握するには，一元主義と呼ばれる立場との対比が有益である．通常，ある命題が真であると言う時，我々はその命題が〈なに〉のおかげで真となるのか，と問うことができる．一元主義者は，こうした問いに以下のように答えてきた[3]．

> （1）全ての真なる命題によって所有されている，そのおかげで命題が真となるような唯一つの性質Fが存在する．

このように一元主義においては，命題の真理はそれが性質Fを有することに基礎づけられていると考えるため，彼らの主眼はこのFがなんであるかという問いに答えることである．たとえば，命題が真となるのは，世界内の精神独立な客観的事実に対して命題が〈対応〉という性質を有している場合である——この立場は対応説と呼ばれる——とか，あるいは，別の諸命題に対して〈整合〉という性質を有している場合である——この立場は整合説と呼ばれる——というように．これに対し，多元主義は，命題がそのおかげで真と

なるような性質Fが，ある命題については〈対応〉，別の命題には〈整合〉と
いった形で複数存在する，と主張しているのである．

　では，こうした多元主義の考えが導入される動機はなにか．それは，(1)
には「スコープ問題」と呼ばれる問題が生じるため，これに対処できるよう
な別の理論が必要だ，というものである[4]．スコープ問題とは，(1)を採る
と，真理適合的 (truth-apt) なはずの命題を，真理適合性を持たないものと
して扱わざるを得ない事例が出てくる，という問題である．たとえば，
(1)を採ったうえで，対応説に基づいてあらゆる命題の真偽評価を行おうと
するとしよう．この際，「雪が白い」という文の命題は，世界内の精神独立
な事実と対応していることによって問題なく真となる一方，「拷問は悪い」
のような倫理的語彙を含む文の命題については，対応する精神独立な世界の
側で成り立つ事実は無いように思われる．この場合，後者の命題は偽である
というよりも，そもそも真偽評価の対象と成り得ない――真理適合的でな
い――と考えられる．しかし，我々は直観的に，そして実践的に倫理命題を
真理適合的なものとして扱っているため，(1)を採用する一元主義では本来
我々が真偽評価の対象とすべき命題のいくつかを処理できないこととなる．
このような不十分性を排し，どうにか全ての真理適合的命題をカバーする説
明を与えたいという考えから，真理実現性質の複数化という多元主義の構想
が動機づけられる．以上の動機のゆえに真理の多元主義は，命題の種類に応
じてそれを真とする性質が異なる，すなわち，命題の真理を実現する性質が
複数存在する，と主張するのである[5]．この際重要なのは，多元主義者が一
元主義の主張を部分的に認める，という点である．すなわち，〈雪の色〉の
ような物理世界の事実に関する命題については，〈対応〉性質によってその
真理を説明する対応説が，規範的命題については〈整合〉性質によって真理
を説明する整合説が，それぞれ最も適切だ，という主張を多元主義は引き受
けるのである[6]．以下，これを真理実現性質テーゼと呼ぶ.

　　　真理実現性質テーゼ：各々の真なる命題に対して，最適な真理実現性質
　　　　　　　　　Fが存在し，そのおかげで命題が真となる.

つまり，多元主義の1つの大きな目的は，特定の一元主義で扱うことのでき
ない真理適合的な命題を，真理実現性質テーゼを擁護しつつ真と認定できる
理論を提供することであると言える.

　また，このスコープ問題をめぐる議論は，多元主義の動機・目的を明らか
にすることに加え，もう1つ重要な点を示唆している．すなわち，多元主義

が，真理の実現性質に先行して，命題に関するなんらかの真理適合性条件を理論的前提としている点である．一元主義では，命題が真であるのは性質Fを有する場合であるから，真理適合性条件もこの性質の所有可能性の有無と捉えることができる[7]．他方で，多元主義の場合には，先述のスコープ問題の議論から明らかなように，なにが命題を真にする性質かという問いに先立つ形で真理適合的な命題が検出されているのである．そのため，多元主義者は，命題の真理適合性を判定する道具立てがなんであるか，あらかじめ定めておく必要があるのである．

この際，多元主義が真理適合性条件として定めるのは，ミニマリズムである．ミニマリズムは，Wrightにより定式化されている見解であり，これによれば，文Φが真理適合的であるためには，以下2つの条件を満たしさえすればよいとされる[8]．

> 統語論条件：Φが宣言的統語論を有している――Φは文法的に，否定や命題的態度動詞に埋め込み可能であり，条件文の前件として機能しうる.
> 認定条件　：Φの使用が保証された受け入れ可能性の基準によって統制されている.

統語論条件は少しわかりにくいため敷衍すると，統語論的に平叙文と認定される文であることが真理適合性の必要条件だということである．そして，これら条件を満たす文により表現される命題であれば真理適合的と見做してよいとするのがミニマリズムである．これにより，たとえば先の「拷問は悪い」という文の命題は，対応説的一元主義では真理適合性が認められないが，それでも統語論条件と認定条件を満たしているため，真理適合的なのだと主張することが可能となる．

しかし，これは，命題が真理適合的であると認定される条件を一元主義に比してデフレ化する，という含意を持つ．なぜなら，一元主義では，真理とはそれがなんらかの性質を有することに基礎づけられていると考えるのに対し，ミニマリズムでは単に命題を表現する文が統語論条件と認定条件を満たす場合には，命題は真理適合性を認められるため，真理を実現させる基礎づけ性質のようなものへの参照が失われるからである[9]．

しかし，多元主義者は，ミニマリズムを採りつつも，同時に真理にはミニマリズムで捉えられる以上の実質性があると考えており，これがデフレ主義ではなく，多元主義を採用・支持する動機となっている[10]．デフレ主義と

は, 〈真理〉に他者の主張を省略するなどの文法的装置としての役割しか認めない立場であり, そのため, この立場は真理を成立させる基礎づけ性質など存在しないと考える. デフレ主義は, 命題の真理適合性については多元主義同様ミニマリズム的立場を採るため, スコープ問題を回避しつつ多様な命題の真理を認められる点で多元主義と同様の利点を持つ. そこで, 多元主義者は, デフレ主義では取りこぼしてしまう真理の実質性を担保できると主張し, 独自の利点を打ち出すことで, デフレ主義よりも多元主義を支持すべきとするのである[11]. そのため, ミニマリズム的道具立てに付加的な方法を用いて真理が実質的な性質であることを示すという課題も多元主義は引き受けねばならないことになる. 具体的にどのようにこの実質性を主張するかは次節で詳しく確認するが, その前に, そもそもここで言われる真理の実質性とはなんなのか, という点を明らかにしておこう. これをしなければ, 多元主義の立場の正確な定式化は不可能だからである.

　この点は, デフレ主義者が真理は非-実質的である, と主張する際に意味するところを明らかにすることで, 逆説的にクリアにすることができる. Wyatt (2016) によれば, デフレ主義者が真理性質が非-実質的だと主張する際に意味するところは, 真理には〈説明能力が欠けている〉, そして〈構成理論が存在しない〉という2点にまとめられる. 真理が説明能力を欠くというのはつまり, 真理は, その本性によりなんらかの世界内の事実を説明する能力を有する, といった形而上学的な含意を一切持たないということである. 他方の, 構成理論が存在しないというのは, 真理はそれを構成する理論を持たず, なにによって真となるのか, という説明を受け付けないということである. 逆に言うと, 多元主義がデフレ主義との差分として説明すべき真理の実質性は以下のようになる.

（実質性1）　真理が世界内の事実に対する説明力をその本性上有する.
（実質性2）　真理がなにによって成り立っているかについて構成理論を持つ.

　さて, 以上の点をまとめると, 真理の多元主義は, おおよそ以下の目的を持つ立場として定式化できるだろう.

（a）特定の一元主義では扱えないミニマリズム的真理適合性条件を満たす命題を, 真理実現性質テーゼを擁護しつつ真偽評価の対象とできるような理論を提供する.

(b) 真理が,（実質性 1）と（実質性 2）を満たす性質だと示す.

本稿の目標は, 最終的にこれらの目的を多元主義は十分な形で果たすことができないため, この立場を擁護する意義が担保されないと論証することである. よって, 次に確認すべきは, 多元主義者がどのように (a) (b) を擁護しようとするか, という具体的戦略である. 次節では, この点について見ていく.

第2節　多元主義におけるドメイン

前節の定式化に基づけば, 多元主義は, ミニマリズム的真理適合性条件を満たす命題——一元主義では扱えない命題——を真と認定しうる理論を,（実質性 1）（実質性 2）を損なわない形で与えることを目的としている. この目的達成に際し問題となるのは, ミニマリズムが持つデフレ的含意と真理の実質性の間の緊張関係をどう処理するか, という点である. ミニマリズムは, 統語論条件と認定条件が満たされていれば命題は真理適合的であるとするため, 真理適合性のデフレ化を含意しており, このままでは多元主義に要請される (b) の要求——真理は 2 つの実質性を持つ——を担保し得ないと考えられる. また,（a）の目的には, 真理実現性質テーゼの擁護が含まれるが, ミニマリズムだけではその達成方法を示せないため,（a）を主張するにも現状十分でない.

ここで, 多元主義者がこの緊張関係の解消のために頼るのが,〈プラティチュード〉と〈ドメイン〉という道具立てである.

プラティチュードとは, 真理という概念を知っている人ならば誰もが同意するであろう, 真理が持つと考えられる一群の常識である. 我々は, ある概念がどういうものかを探求する際, その探求に先だって当の概念の本質的特徴についていくつかの信念——これを Lynch は nominal essence と呼ぶ——を前提している. プラティチュードとは, 真理についてこの nominal essence を与えるものなのである. たとえば Lynch は, 命題が真であると言えるために, 最も欠かせない真理のプラティチュードは以下の 3 つであるとする (Lynch, 2013, 24)[12].

①真なる命題とは, 我々がそれを信じる際に, 正に信じた通りにあるものである.
②真なる命題とは, 探求に携わる際に真だと信じるべきものである.
③真なる命題とは, 信じることが正しいものである.

命題が真であるとは，こうしたプラティチュードを当の命題が満たす，という事実によるのである．そして，多元主義者は，命題がこれらプラティチュードを満たすゆえに真理という性質を獲得すると考えることで，なぜ真理にはミニマリズム要件の充足だけでは得られない説明力――（実質性1）――があるのかを説明することができる[13]．つまり，真理とは必ず一群のプラティチュードを満たすものであるとすることで，そのプラティチュードを，真理がその本性のゆえに持つ説明力の根拠と考えることができるのである．ただしこの際，本稿第1節で述べたように，多元主義者は，命題を真にする実現性質が複数存在すると考えるため，このプラティチュードは多重実現可能なものと見做されている．たとえば，物理的な話題に関する命題であれば，世界内の事実に対して〈対応〉という性質を持つ際にこのプラティチュードが満たされ，規範的な話題に関する命題については，命題がその他の信念と整合している際にこのプラティチュードが満たされる，といった形だ――これは (a) の要求を担保する主張でもある．より正確には，〈対応〉や〈整合〉といった真理実現性質の獲得によって命題が真となるのは，真理性質Fの本質的特徴が真理実現性質Mの部分に含まれるからである，という形で説明される[14]．真理性質Fの本質的特徴とはすなわちプラティチュードであるため，多元主義においては，各真理実現性質Mは，①〜③のプラティチュードをその部分に含むものと理解される．このように，真理実現性質の獲得はそれ自体でプラティチュードの充足を含意するので，その獲得によって命題は真となるのである．以上のことから，真理とは，〈対応〉や〈整合〉といったさまざまな性質が真理の満たすべき特定の機能（プラティチュード）を充足するため，多様な仕方で実現されると言うことができる[15]．

　しかし，このように真理を複数の性質によって多重実現可能なものと考える場合，どの命題がどの真理実現性質によって真となるのか，という点が当然問題となってくる．これらを定める，あるいは検出する際に，〈ドメイン〉というもう1つの道具立てが役割を果たすのである．

　命題にはそれが属する議論の領域や，会話の主題があり，これを多元主義者はドメインと呼んでいる[16]．Lynch (2009) は，ドメインごとにそれぞれ異なる真理実現性質があり，命題はこのドメインごとの真理実現性質を有することでプラティチュードを満たせるため真になる，と述べる[17]．たとえば，倫理や数学ドメインでは〈整合〉，物理のドメインでは〈対応〉といった性質を命題が獲得することが，真理の実現――プラティチュードの充足――のためにそれぞれ要請されるのである[18]．そのため，ドメインは〈命題の真理実現性質を決定する〉という重要な役割を担う．命題のドメインを特定できれ

ば，各命題の適切な真理実現性質がなんであるか，その所属ドメインをもとに答えることが可能となるからである．また，同時に，ドメインは (a) の真理実現性質テーゼ擁護の要求，そして (b) の（実質性2）に対する根拠ともなっている．そして，（実質性1）が成り立つ理由も，ドメインごとにプラティチュードを満たすことによるので，これもドメインによって成立可能となっている．つまり，多元主義の目的はどれも，ドメインという道具立てに依拠することで初めて達成が可能となるのである．

　すなわち，多元主義にとってドメインはその主張を支える最重要概念なのである[19]．そのため，多元主義の主張・目的の成否はこのドメインが正しく期待されている機能——〈命題の所属ドメインの確定〉〈命題の真理実現性質の確定〉——を果たし得るのか，という点から検証することができる．

　しかし，この検証のためには，ドメインというものが一体どのように構成され，また，どのドメインにどの命題が属すのかがいかにして決定されるのか，これらを明瞭な形で規定する必要がある．〈議論の領域〉や〈会話の主題〉といった抽象的な定式化では，ドメインが期待される機能を果たし得るかは十分に考察できないからである．

　この点について，Lynch が以下のような有益なアイディアを提示している[20]．まず，各命題は特定の主題領域（ドメイン）に一意的に属する．そして，命題は概念によって構成される[21]ため，命題の属する主題領域がなんであるかは，当の命題を構成する概念の概念種K（法，倫理，数学など）によって確定される．そして，このKに分類される概念は，特定の種類の性質についての概念であるため，その性質の持つ特徴——物理的性質であれば因果的な力を持つという特徴，道徳的性質であれば行為の理由を与える規範的力を持つという特徴——が，ある概念種を別の概念種から分けるのである．たとえば，《慈善活動は良い》という命題は〈善行〉や〈良さ／悪さ〉のような倫理に顕著な規範的特徴を持つ性質に関わる，倫理の概念種Kに属す概念によって構成されているため，倫理ドメインに属する，ということになる．

　ただし，Wyatt (2013) の分析によれば，Lynch はドメインの定式化に際し，2つの異なる役割をドメインとして記述してしまっている．一方ではドメインをそのメンバーとなる命題によって構成される〈命題のクラス〉とし，他方では，ドメインを単に倫理や数学といった〈主題〉を表すものとしているのである．この多義性を解決するため，Wyatt は，〈主題〉と〈主題を例化するもの (thing) の概念によって構成される命題のクラス〉という区別を立ててドメイン概念を明確化する．たとえば，数学を例にとると，〈主題〉としては集合や数などが考えられ，他方で，数学的主題を例化する概念から成

る〈命題のクラス〉として《空集合はメンバーを持たない》や《1の次の数は2である》などがある．ちなみに，命題が数学的命題であるのは，数学的概念（すなわち，数学的主題に関する概念）によって構成されているためである．これらの区別を保つため，主題を〈トピック〉，命題のクラスを〈ドメイン〉として捉えることで，ドメインとその特定方法を以下のような形で明示化できるとWyattは主張する．まず，トピックの個別化条件を以下のように与える．

> トピック同一性：トピックT＝トピックT' iff Tを例化する個体，性質，関係がT'を例化する個体，性質，関係と数的に同一であるとき．

そして，ドメインの同一性に関しての条件が以下である．

> ドメイン同一性：ドメインD＝ドメインD' iff DとD'が存在し，〈p〉∈Dかつ〈p'〉∈D'であり，そのうえで〈p〉を構成する概念$C_1,\cdots,C_n$と〈p'〉を構成する概念$C_1',\cdots, C_n'$が同一の概念種Kを例化しているとき．
>
> 概念例化同一性：概念CとC'が同じ概念種Kを例化するiffそれら概念が同一のトピックを例化する存在（対象，性質，関係）に対して同じ関係$R_1,\cdots, R_n$を持つとき．

たとえば，倫理を例にとって説明すると，倫理ドメインは以下のように同定される．まず，倫理的なトピックが，〈慈善家〉，〈良さ〉，〈拷問する〉といった倫理に関わる個体・性質・関係から個別化される．トピックを構成するこの個体／性質／関係についての概念——同一の概念種Kを例化する概念——によって構成されている命題のクラスを1つのドメインとして同定する．そして，ある命題pがドメインD（倫理）に属するかは，Dに属する諸命題を構成する概念と同じ概念種Kに属する概念によってpが構成されているか否かによって確定される．こうすることで，ドメインを命題のクラスとして同定し，かつ，各命題がそのドメインに所属するか否かを把握する手段を得ることができる．

　以下では，Wyattによるこのトピックとドメインの定式化を引き受けて議論を進めることとしよう．さて，今確認した〈命題の所属ドメインがその命題を構成する概念の種類によって決定される〉というLynchやWyattの主張

から引き出される重要なテーゼは以下である.

> トピック合成性：命題の構成要素である概念の属すトピックから，命題
> のトピックは合成的に決定される.

さらに，ドメインには命題の真理実現性質がどれかを一意に確定する，という機能が要請されるため，多元主義者は，以下のテーゼを同時に引き受けている.

> 1命題－1ドメイン：全ての原子命題は本質的にちょうど1つのドメイ
> ンに属す.

この1命題－1ドメインのテーゼは，真理の多元主義を「厄介な可能性から救ってくれる」(Lynch, 2009, 82) ものでもある. それはすなわち，1つの原子命題が同時に真かつ偽となる，という可能性である. もしも命題pが複数のドメインに属し得るのだとすれば，ある1つのドメインでは，pがそこで要請される真理実現性質を持つために真であり，他方で，他のあるドメインではそこで要請される真理実現性質を持たないために偽である，ということがあり得ることになる. また，1つの命題が複数の仕方で真となるという場合もあるだろう. 前者の場合，そのままでは命題が矛盾を含みこむものとなってしまうため，多元主義はなんらかの相対主義を採る必要が出てくる. また，後者の場合にも，同様に相対主義の採用の必要性が生じる. なぜなら，命題が複数の仕方で真となるとすれば，命題の真理を構成するのは結局どの真理実現性質なのか，という命題の構成理論を問う問い──(実質性2)の問い──に一意に答えることができなくなる──答えが評価文脈に相対的になる──からである. しかし本来，多元主義の利点は，〈各命題がその種類に応じて真理実現性質が一意に決まっている〉と主張できることによって，真理実現性質テーゼを保障できる形──(a) を満たす形──で (実質性2) を主張できる点にあった. 命題が複数のドメインに属し得るという可能性はこの点を捨てることにつながるので，多元主義にとって命題の所属ドメインを一意決定できないこと，すなわち相対主義に陥ることは〈望まざる帰結〉であり，所属ドメインの特定に際しそれを回避できることはとても重要なのである.

　さて，本節の議論から，多元主義の主張の成否はドメインが期待される機能──命題の所属ドメイン (トピック) の確定と，命題の真理実現性質の決

定——を果たせるか否かによって判定できることが分かった．この点を検証するために，以後本稿では，上述した命題の所属ドメインの特定および各ドメインの個別化の方法の是非を問うという作業を行う．そのための最初のステップとして，次節では多元主義のこの方法が抱える難点について確認する．

第3節　ドメインの問題点

前節では，真理の多元主義の目的がどれも，ドメインに強く依拠することで成り立っていることが判明した．また，このドメインと，そして命題の所属ドメインは，命題を構成する概念がどのようなトピックに関わるかという点から合成的に決定される，ということが示された．

本節では，以上のような，多元主義が想定するドメイン概念に対する3つの問題点を取り上げる．1点目は，多元主義の認める倫理などのドメインにおける真理実現性質の定式化の不十分性に関する問題である．2点目は，「混合原子命題（mixed atomic proposition）」と呼ばれる命題から生じる問題である．そして3点目は，ドメインの同定において前提される合成性に対する反例である[22]．項を分け順に見ていこう．

3.1　評価的判断命題

以下のような命題は，構成概念が倫理的なトピックに関わると考えられるため，Wyattのドメイン規定では倫理ドメインに属することとなり，そのため，真理実現性質は〈整合〉であるとされる[23]．

　　（2）《制度aは平等である》

仮に，制度aは〈学生が学区に関わらず，皆自由に学校を選べる制度〉であるとしよう．この命題の真理実現性質は他の諸信念——ほかの制度や環境に関わる複数の信念など——との整合であるだろう．さて，この命題が当のドメインで真となるのは，〈整合〉という真理実現性質の獲得によって命題がプラティチュードを満たすからであるとされる．しかし，倫理ドメインの真理実現性質は〈整合〉であるという多元主義の主張の内実は，現状では十分に明瞭でない．たとえば，特定の地域αにおける信念との整合という観点では（2）は真と見做せるが，別の地域βではむしろ〈学生が家庭所得差にかかわらず，皆一律に同学区内の学校に通う〉制度bに関する，以下の命題が真だという信念が共有されているということが考えられる．

（3）《制度bは平等である》

この場合，βの人々は（2）の真理には否定的であるだろう．そうすると，（2）はαの人々のほかの諸信念に対して〈整合〉という真理実現性質を有しているが，βに対してはそうではない，ということになる．この際，倫理ドメインにおいてある所属命題が真となるためには，どの信念と整合していることが求められるのだろうか．もしも，αにとってはαの諸信念との〈整合〉が，βにとってはβの諸信念との〈整合〉が成り立っていればそれぞれにとって命題が真となる，と考えるとすれば，倫理ドメインでの真理は特定の主体（個人／共同体）に相対的なものとなる．そうすると，ある主体やコミュニティの信念との整合次第では，任意の倫理命題が真にも偽にもなる，といったことを無条件に許容することになる．しかし，このように極端に相対化された真理はプラティチュードを満たす客観的なものとは言えないため，この場合，倫理ドメインに相応しい真理実現性質は——多元主義の主張に反して——〈整合〉ではないのではないか，という疑問が当然生じうる．

　また，倫理ドメインにおける真理実現性質としての〈整合〉を，特定の範囲の全ての主体の信念との〈整合〉を要請するものと捉えるとしても，今度は別の問題が立ち上がる．整合をこのような厳格さで設定すると，そのドメインの所属命題が真となる余地が残らないかもしれないのである．倫理的概念によって構成され，倫理ドメインに属する命題のうち，全ての主体の信念と整合する命題はどれだけ存在するのか，あるいはそもそも存在するのか．（2）や（3）を見ても分かるように，倫理命題をめぐる真偽については不同意が常に考えられる．そうすると，倫理ドメインに属する命題は，真理適合的だが真理実現性質を獲得して真となる可能性はほとんどないような命題ということになってしまいかねない．

　Ferrari（2018）は，このように，物理的トピックにおける対象への判断と違い，客観性を確保することが難しいことがらへの判断を，評価的判断と名付けているので，ここではこの用語を借りることとしよう．この評価的判断の対象は主に〈好み〉や〈倫理的正しさ〉といった客観性が保ちにくいものであるため，その判断には常に不同意の可能性が考えられる．多くの多元主義者は，このように評価的判断が関わるドメインに属する命題の真理適合性を認めている．すると当然，こうしたドメインに属する命題がいかに真となり得るのかを多元主義者は示さねばならない．しかし，どのような信念との〈整合〉が要請されるのかが不明瞭なままでは，この点は示せないのである．

　これはつまり，評価的判断命題によって構成されるドメインの真理実現性

質が十全な形で同定されていない，また，こうしたドメインに対する真理実現性質が本当に〈整合〉であると言えるのか，という問題である．この問題を〈評価的判断命題の問題〉と呼ぼう．

3.2 混合原子命題

　混合原子命題とは，命題の構成要素である概念の所属トピックが2つ以上にまたがることにより，複数のドメインに属すと考えられる原子命題を指す[24]．たとえば，《痛みを引き起こすのは悪い》という命題は，そのトピックが異なる物理的概念と倫理的概念とが混合されており，物理的な議論のドメインと倫理的議論のドメインとに属していると考えられる．Sherは，多元主義者は命題の真理実現性質が所属ドメインによって一意に確定されると想定しているが，混合原子命題の場合はそれが成り立たないのではないか，と主張する（Sher, 2005）．

　つまり，この問題は，いくつかの原子命題は異なるトピックに関わる異なる種類の概念の混合によって構成されているため，所属ドメインを一意決定できない，ということである．多元主義にとって，こうした所属ドメインを一意決定できない命題は深刻な問題をもたらす．

　この問題が多元主義にとって深刻である理由は，（実質性1）（実質性2）の根拠を与えられないということ，そして，相対主義を導くという点にある．多元主義では，真理がその本性上世界内の事実に対する説明力を有することを主張する——（実質性1）——が，これは命題が所属するドメインにおいて真理実現性質を獲得することで，プラティチュードを満たせるゆえである．しかし，命題が2つのドメインD_1とD_2に属する場合，その説明力はD_1とD_2どちらの真理実現性質によりもたらされているのかが分からない．そしてこれは，命題の真理を実現している性質がなんであるか——（実質性2）の根拠——を正確に答えられないと言うことでもある．多元主義においては，真理の構成理論はドメインごとの真理実現性質によって命題が真となる，というものであるため，なぜこの性質によって真となるのか，という構成的説明を命題の所属ドメインを一意決定できない場合には与えることができないのである．また，混合原子命題が複数のドメインに属すると考えると，1つの命題が真かつ偽となる場合が生じ得ることになり，それを避けるには〈望まざる帰結〉である相対主義を採る必要性が出てくる．こうした問題を〈混合原子命題問題〉と呼ぼう．

3.3 命題のトピックの合成性に対する反例

　多元主義者は，命題の関わるトピックは，それを構成する概念の所属トピックから合成的に決定されるとする．しかし，実際には，この考えに対する反例がある．たとえば，以下のような命題を考えてみたい．

　　（4）《地球の年齢は7000歳である》

この際，科学的証拠に基づき物理的な議論の主題として（4）についての真偽判断を行う主体と，聖書の記載を根拠としてこれを行う主体がいるものとする．前者の場合には（4）は偽であるが，後者のように聖書記載に基づく諸信念との整合を根拠にこの命題の真偽を判断する主体にとっては，これは真と評価されることとなるかもしれない．この両者の不同意は，その判断の根拠に持ち出す背景原理が双方で異なることに起因する[25]．問題は，多元主義のドメイン同定法に基づくならば（4）は物理的事実のトピックに関わる概念により構成されているため，命題のトピックも同様に物理的事実に関するものとなるはずであるが，明らかに宗教的議論のトピックとして扱うことも可能であるように思われる点である．

　多元主義者たちは〈宗教〉を1つのドメインとして認めている．この際，このドメインの真理実現性質は，おそらく聖書等の参照に基づく特定の実践を通じて構成される諸信念との〈整合〉と解するべきであろう．そうすると，（4）を聖書を引き合いに出して真であるとする実践は当然認められるため，（4）は宗教ドメインにおいて真理適合的な命題と認定されるはずである．そして，この命題は宗教ドメインにおいてプラティチュードを満たすものであるはずだ[26]．

　以上から分かるように，命題の構成概念が関わるトピックから命題のトピックが合成的に決定される，という想定の妥当性には疑義をさしはさむ余地があるのである．そして，この想定が妥当でないとすれば，命題の構成概念の所属トピックをもとにドメインの同定・命題の所属ドメインの決定を行う手続きは正当化されないはずである．こうした問題を〈トピック合成性問題〉と呼ぼう．

　多元主義はこれらの問題に対し，どのような応答が可能だろうか．次節では本節で提示された3つの問題に対する可能な応答を検討しよう．

第4節　多元主義のドメイン擁護のジレンマ

　本節では，前節で提示された3つの問題に対する多元主義の側からの可能
な応答を考察することとしよう．結果として，多元主義のドメイン概念を現
状の定式化のまま擁護することは困難であり，それゆえ，多元主義は (a) (b)
を主張するに十分な立場とはなっていない，ということが判明するだろう．

4.1 評価的判断命題問題の考察

　まず，〈評価的判断命題の問題〉についての考察を行うこととしよう．この
問題の要点は，多元主義が認めるドメインのうち，評価的判断命題によって
構成されるドメインの真理実現性質が〈整合〉だと主張する際に，〈どの信
念との整合が必要なのか〉が分からないということである．たとえば，(2)
のように評価的判断が関わる命題は，それを真と考える主体と，偽と考える
主体が双方存在することが常に考えられるため，どの信念との整合の獲得が
命題の真理実現性質としての〈整合〉なのかが判然としない．しかしながら，
多元主義は，評価的判断の関わるドメインを自身の理論のうちに認め，この
真理実現性質を〈整合〉と同定する以上，この点を明瞭にしなければならな
い．なぜなら，この作業を行わない限り，評価的判断の関わるドメインにお
いて命題が真となる仕方を明確に示すことはできないため，(実質性2)の
十全な説明を提供できないからである．

　しかし，3.1でも示したように，評価的判断命題の真理にどの信念との〈整
合〉が要請されるのか，という問いに答える際には困難がある．まず，も
し〈整合〉が任意の主体の信念との整合を意味する場合，命題の真理は各主
体の信念に相対的なものとなってしまい，真理のプラティチュードである客
観性が保たれなくなる．すると，そもそも〈整合〉が適切な真理実現性質で
はないのではないか，という疑問が生じる．逆に，全ての主体の信念との整
合を要請するものとして〈整合〉を理解する場合，プラティチュード①は保
てるが，評価的判断命題が真となりうる可能性はほぼ失われてしまう．

　この問題に対する可能な解決策を考えていこう．まず，後者のように，
〈整合〉という真理実現性質を全ての主体の信念との整合と捉える場合，原
理的には命題が真になる余地——現実には困難だとしても——があり，そこ
で要請される〈整合〉は客観性を十分に持つものでもあるので，それで問題
はないとする主張が多元主義には一応可能である．しかし，これは，倫理命
題を含む評価的判断命題が現実に真となる可能性を著しく制限してしまう選
択である．なぜなら，任意の倫理命題について，わずかでも反対者がいる場

合には，その命題は真となり得ないと主張することになってしまうからである．そして，この場合，たとえば《拷問は悪い》を真とする認識が大半の人々に共有されていたとしても，拷問を行う主体がいた場合にその行いを誤りと判定することはできない．なぜなら，この解釈の下では，わずかでも反対者がいる限り《拷問は悪い》は真ではないからである．以上を踏まえると，このような〈整合〉の理解は多元主義にとってコストが高い選択である．これを改善するために，〈整合〉を全ての主体ではなく，十分に多くの主体の信念との整合と捉えることも可能だが，この場合，多数の主体によって支持されてさえいれば，《拷問は悪い》をはじめとした任意の倫理命題が無条件で真となる，ということになる．しかし，倫理命題の真偽をこのように数の問題にしてしまうと，少数者の声を奪う認識的不正義に類する事例が理論的に正当化されてしまうだろう．そのため，こちらも別の観点を取り入れた修正や補足を行わなければ，依然コストが高い選択である．

　考えうる現実的な解決策としては，目的等に合わせて命題の真理を相対化するという方法がある．たとえば，倫理という同じトピックに関わるとしても，どのような目的に関してその命題が問題となっているかという観点を真理評価に取り入れる，という方法である．具体的に (2) の事例で確認しよう．まず，(2) は倫理的トピックに関わるため，倫理ドメインに属する．そのうえで，〈地域 α における望ましい制度〉という観点から，その命題がドメインで課される真理実現性質を獲得し，プラティチュードを満たすことに成功しているかを評価する．これなら，評価的判断の関わるドメインでも，命題は〈整合〉性質を獲得し，かつ客観性を満たす真理を獲得し得ると主張できるかもしれない．

　しかしながら，この場合，ドメイン・プラティチュード・真理実現性質という道具立てによる真理の説明のどこかに，〈目的〉などの観点を導入するというタスクが多元主義には課されるであろう．また，〈目的〉の導入は，多元主義を，命題の真偽は〈評価文脈に相対的である〉という相対主義的立場に変える，という点にも注意が必要である．この場合，α の人々の目的に照らせば (2) は真であるが，β の人々の目的に照らせば (2) は偽である，と述べることになる．これが極端化すれば，ある個人 a の目的に照らせば〈整合〉性質を満たすため (2) は真である，などとも言えてしまう．しかし，このような真理はもはや客観性というプラティチュードを満たさない真理であるため，多元主義では許容することができない．そのため，なにが適切な目的として認められるかの条件を策定する，といった作業が多元主義の構想を実現するために今後必要となるだろう．こうした作業を通じて〈整合

すべき信念はなにか〉を明瞭にしてはじめて，評価的判断命題によって構成されるドメインについて十全な形で（実質性2）を示すことが可能となる．

4.2 混合原子命題問題の考察

〈混合原子命題問題〉に対しては，WyattとEdwardsがそれぞれ応答を行っている．まず，Wyatt (2013) は，〈対応〉性質をデフォルトの真理実現性質と考えることでこの問題を解決することが可能である，という応答を行っている．多元主義のドメインの定式化では，命題を構成する概念の概念種によって命題の所属ドメインが確定する．この際，命題の構成概念の中に〈対応〉性質では扱えないものが混ざっていた場合には，たとえ物理的なトピックに関わる概念が同時に構成要素に入っていようとも，その真理実現性質は常に〈対応〉以外のものとなる，と考えるのである．つまり，特定の真理実現性質のみを特権的に扱うことで，混合原子命題のように複数のドメインに属する命題であっても，その真理実現性質は一意に決めることができるというわけである．

この応答の難点は，特定の真理実現性質を，他に比べ特権化して扱う根拠を多元主義が持たないことである．多元主義では，真理適合性のミニマリズムを前提し，真理はさまざまな性質によって多重実現可能であるとする．そのため，一元主義のように特定の真理実現性質を特権化するには根拠が必要となる．1つ考えられるのは，特定の真理実現性質が他に比べてより強い実質性（説明力）を持つと主張することだろう．しかし，この主張をするためには，多元主義がその実質性の根拠とするプラティチュードという道具立てだけでは十分でない．また，真理の（実質性1）に目を向けてみよう．もしも，特定の真理実現性質に特権性を与えるとするならば，真理の説明力——（実質性1）——はドメイン毎に強度が分かれる，と主張・論証するまでが多元主義のタスクとなるはずである．しかし，この作業は，通常の一元主義者による真理の実質性論証よりはるかに困難となる．なぜなら，さまざまな性質により実現する真理がそれぞれ実質性を持つことを証明しつつ，それらの間にどのような説明力の差があるか，それは一体なぜ生じるのかを論証しなければならなくなるからである．そのため，Wyattの応答は現状不十分である．

次に，Edwards (2018) によって提示された方法を確認しよう．彼は，命題の構成要素のうち，述部に当たる性質のみがドメイン決定に関わると考えることで，混合原子命題の問題は解消されると考えている．たとえば，先ほどの例《痛みを引き起こすのは悪い》は，その述部に当たる〈〜は悪い〉が

倫理的概念であるため，それにより構成される命題も倫理的トピックに関わるドメインにのみ属する，と主張できるという訳である．たしかにこれなら原子命題の所属ドメインをその構成概念から決定する，という方法は一応可能であるように思われる．

　しかし，この方法も，トピック合成性を基礎とした応答であるため，3.3節で挙げた〈トピック合成性問題〉に対しては一切説明力を持たない．その点を次項で確認しよう．

4.3 トピック合成性問題の考察

　多元主義者は，トピック合成性テーゼに基づき，命題が属するドメインおよび関連トピックは，それを構成する概念の所属トピックから合成的に決定されると主張する．しかし，《地球の年齢は7000歳である》という命題は，その構成要素である概念の所属トピックが物理的な事実に関する対象・性質によって構成されていると考えられるにも関わらず，宗教的トピックとしても正しく真偽評価が可能であるように思われる．そのため，トピック合成性テーゼを保持できないと考えられる．この議論を評価するうえで把握しておくべきなのは，多元主義と〈トピック合成性問題〉の主張の前提が以下のように異なる，ということである．すなわち，多元主義が，概念の単位であらかじめ所属トピックが確定しており，命題のトピックもそこから合成的に決定されるという原子論的な考えを前提に持つのに対し，〈トピック合成性問題〉の指摘は，命題の所属ドメインは命題の真偽を問題とする文脈で初めて決定され，その命題の構成要素である概念も，その文脈から事後的に所属トピックが判明する，という逆向きの前提——この前提を〈文脈原理〉と呼ぼう——を持つと考えられるのである．ここから言えるのは，多元主義のような原子論的前提に基づく立場は，文脈原理を前提する立場よりも，その主張の正当性を示すために多くのタスクが課されるだろうということである．なぜなら，後者であれば，「地球の年齢」が異なる2つのトピックに関わり得ることを認め，その理由を，その命題と構成要素である概念が文脈上異なる議論のトピックとして評価されていると示すのみで良いが，原子論者は概念がどのトピックに関わるかがあらかじめ確定している，という前提を引き受けているがゆえに，概念は本性上特定の性質と一意に関連するという形而上学的主張を引き受けたうえで，それを証明するタスクが課されるからである．そしてその説明は，トピック合成性問題を説得的に退けうるものでなければならない．

　そうすると，むしろ命題の所属ドメインは初めから一意に確定しているも

のではなく，文脈ごとにその都度特定されるという文脈原理を，多元主義は受け入れるべきかもしれない．しかし，このような路線も多元主義者は容易には採れない．Wyattの定式化では，ドメインは命題のクラスとして同定され，この命題はそれが関わるトピックに基づいてクラス分けされる．そして，命題の関わるトピックは命題の構成要素となる概念に基礎づけられているため，現状のドメイン概念は既に原子論を組み込む形になっている．そのため，文脈原理を基礎とする場合，多元主義者はこれとは全く異なるドメイン概念をはじめから作り直す必要があるのである．その際には当然，ドメインとは一体なんであるのか，という問いに再び解を与えねばならない．

　もしかすると，多元主義者にはもう1つ以下のような応答が可能だと考えられるかもしれない．すなわち，3.3節の（4）の真偽について語る2人の主体は，実は異なる概念種に属す概念——〈地球の年齢宗教〉と〈地球の年齢物理〉——によって構成されている2つの異なる命題の真偽をそれぞれ語っていて，合成性テーゼには抵触しない，という応答である．この応答は見込みがないわけではない．実際，この応答を文脈原理と組み合わせれば，原子論的前提と合成性テーゼ自体は保持しつつ，（4）がどちらの命題を表現しているかを文脈から特定する，という選択肢が現実的となる[27].

　しかし，この応答には，クリアすべき以下の問題がある．まず，（4）の命題について聖書を参照して真と答える主体と，物理の知見を参照して（4）に偽と答える主体が互いに対して反論を行うことが想定可能である．この事例では，互いが同じ命題について対立する信念を抱いていると捉えるのが自然である．そして，実際に，《地球の年齢は7000歳である》という（4）の命題に関するこの対立は，「深刻な不同意（deep disagreement）」という認識論の主題の議論において，〈2人の主体が同一の命題の真偽をめぐって争っている典型的事例〉として哲学者たちの間で広く理解されているという事実があるのである[28]．そして，多元主義の代表的論者であるLynch自身も（4）を同様に理解している[29]．そのため，（4）を2つの異なる命題と見做す場合，こうした理解に反して，3.3節の2人の主体の意見の相違は，同一命題の真偽を問う真正な不同意ではない，と主張することになる．よって，多元主義者は，単にアドホックな対応でないことを示すためにも，（4）をめぐる3.3節の事例は〈2つの異なる命題に関するもので，実際には同一命題の真偽をめぐる不同意ではない〉と考えるほうが，〈同一の命題の真偽をめぐる不同意〉と捉えるよりも合理的であるという根拠を示す必要がある．これが与えられない限りは，多元主義者は〈トピック合成性問題〉を退けたことにはならないのである．そして，菅見の限り，そのような論証はいまだ与えられて

いない.

　さて，以上から分かったように，多元主義者はドメイン概念に対する問題のうち，〈評価的判断命題の問題〉と〈トピック合成性問題〉には，現状十分な回答を与えられていない．そのため，問題は手付かずであり，今の段階では多元主義は (a) (b) の目的を十分に達成できるとは言えないのである.

結論

　最後に，(a) (b) の目的を達成するために多元主義が行わなければならないタスクと，その際に採り得る選択肢に関して指摘を行うこととしたい.

　そのために，前節の考察から多元主義について明らかになった最も重要な点についてここで述べ直しておこう．それは，彼らの依拠するドメイン概念が，現状十分に正当化されていない原子論的前提，すなわち，〈概念がその本性上特定のトピックに関わる性質を有している〉という前提に基づいていることである．多元主義が現状の道具立て――ミニマリズム，プラティチュード，ドメイン――をそのままの形で保存する場合，行わなければならないのは，この前提の擁護である．しかし，この前提は形而上学的なものであるため，その論証には困難が予想されるうえ，〈トピック合成性問題〉の回避というタスクが伴う．また，このトピック合成性問題の回避のためには，(4) について現在標準的となっている理解に反する主張を擁護する必要がある．さらに，仮にこのタスクを果たすことができたとしても，現状の多元主義の是非については疑問が残る．なぜなら，〈評価的判断命題の問題〉が示唆するように，多元主義によって1つのドメインと認められていながら，そこで指定される真理実現性質の妥当性が現段階ではまだ十分に確保されていないようなドメインが複数存在するからである．そのようなドメインの真理実現性質の妥当性を十全に示す理論を提示できない場合，やはり (a) (b) が十分に達成されているとは言えないのである．そのため，現在の道具立てをそのまま維持して多元主義を主張する場合，原子論的前提に伴う困難を解消しても，〈評価的判断命題の問題〉に答えられなければ，その理論的優位性は現状考えられているよりも一段低いものとならざるを得ないだろう.

　無論，この原子論的前提を捨て去る，もしくは，現状のドメイン概念に〈目的〉のような観点を取り入れる改定なども，多元主義の可能な選択肢である．だが，その場合，目的を適切に設定する方法を確立できなければ，多元主義は，個人の目的や信念と相対的に命題が真となるといった立場になりかねない．これはプラティチュードを満たす真理を諦めることにつながるので，回避策が必要である．さらに，原子論的前提を捨てる場合は，ドメイン

概念を根本から作り直す，といった作業も行わねばならない．ドメイン概念の改定自体は多元主義が避けるべき問題というわけではないが，現状では原子論的前提に依らないドメイン概念がどのようなものになるのか手がかりがないため，この場合には難しい課題が残されることとなる．

　つまり，本稿で示した問題点に対して多元主義がどのような選択によって答えるとしても，今後解決を要する重要な課題が待ち構えているため，多元主義は困難な道を歩まねばならないのである．

注

1.　(Pedersen et al, 2018, 4)．
2.　(Asay, 2018, 175; Lynch, 2013, 21; Pedersen et al, 2018, 4)．
3.　(David, 1994, 65-66)．
4.　(Lynch, 2009, 2章2節)．
5.　多元主義がスコープ問題に動機づけられているという整理はたとえば (Asay, 2018)．
6.　(Lynch, 2013, 22)．また，Wright も，多元主義の魅力は実在論と反実在論の双方の直観を，その実質性を保ったまま説明することにあると考えている (Wright, 1992, 1章)．
7.　一元主義の真理適合性条件に対するこのような理解はたとえば (Schroeder, 2010, 8章2節)．
8.　ここでは，(Wright, 1992, 72-74) で示されたミニマリズムのアイディアを，Wyatt (2013) がより明瞭な形で定式化した規定を提示している．さらに，(ibid 注4) で示されているように，Lynch も Wright とは多少異なりながらも，類似のミニマリズムを前提しており，このことは (Lynch, 2009, 160) から看取できる．

　　ここで注意する必要があるのは，Wright のミニマリズムは真理適合性に対する立場であり，Horwich の提唱した真理に対するミニマリズムとは異なる点である．本稿でミニマリズムと言う場合には，常に Wright の立場を指している．
9.　事実，Wright もミニマルに真である命題について，さらにそれを成立させる性質がなにかを問う余地があると主張している (Wright, 2001, 752)．
10.　(Wright, 2003, 12章：Lynch, 2009, 50)．
11.　(Lynch, 2013, 22) を参照のこと．
12.　このほかのプラティチュードを追加する論者もいるが，本稿では議論の簡略化のため①〜③のみを前提とし，今後の議論を進める．
13.　(Lynch, 2009, 154)．
14.　(Lynch, 2009, 74)．
15.　この〈多重実現可能である〉という特徴から，Lynch は真理を機能主義的に捉

えている．この機能主義的な真理論にも細かな差異を反映したいくつかの種類があるが，本稿の議論にこの差異は重要でないため扱わない．細かな立場の差異については（Pedersen & Lynch, 2018）を参照のこと．

16. （Wyatt, 2013, 2節）を参照のこと．

17. この場合，〈共通のプラティチュードを満たす〉という点で真理概念は1つであり，他方で，それがドメイン毎に異なる真理実現性質によって真となる，という点で真理は多様でもある．これは「1つでありつつ，多様である真理（truth as one and many）」という標語で捉えられる（Lynch, 2009, 4章）．この標語を受け入れる多元主義者は，「穏健な多元主義（moderate pluralism）」という立場に区分され，〈ドメイン毎の真理のみが存在し，全ての真理が共有するプラティチュードのような性質は存在しない〉とする「強い多元主義（strong pluralism）」から区別される（Pedersen & Lynch, 2018, 9）．ほとんどの多元主義者は穏健な多元主義を採るため（ibid, 9），本稿でもこちらを対象に議論を行うが，理論の核においてドメイン概念に依存している点は両多元主義で同様なため，本稿の以後の議論も，必要な修正を施せば強い多元主義にも当てはまるだろう．

18. 物理や倫理，数学以外のドメインの具体例としては，法や道徳（Sher, 2005, 313），美学（Wyatt, 2013, 227），宗教（Edwards, 2018, 88-89）などが挙げられる．

19. （Edwards, 2018, 86; Pedersen et al, 2018, 6）．

20. ここでは，（Lynch, 2009, 79-82）の議論を参照した．

21. Wyattいわく，Lynchは命題を概念のみによって構成されると見做すため，この概念には少なくとも個体・性質・関係の概念が含まれると考える必要がある（Wyatt, 2013, 6）．

22. このうち，1点目と3点目は筆者の独自の論点である．また，次節以降の多元主義の可能な応答，結論に関しても，人名を明示していない論点・論証はいずれも筆者による独自のものである．

23. 倫理のような規範的命題の関わるドメインにおける真理実現性質が〈整合〉であるという見解は（Lynch, 2013, 22）に看取できる．

24. （Sher, 2005, 321）．

25. （4）は，もともと「深刻な不同意（deep disagreement）」という（Lynch, 2010）で提示された問題において考察されていた事例を改変したものである．

26. ここでは，事実よりも，各ドメインにおけるプラティチュードの充足可能性の有無が問題となるため，物理的事実の正しさを根拠に宗教ドメインにおける命題解釈を排除する，という選択は多元主義には採れないと考えられる．

27. 多元主義に文脈原理を取り入れれば，合成性テーゼと原子論的前提自体は保ちつつ，より良いドメイン概念を構築できるのではないか，という有益な示唆を提供してくださった匿名の査読者に感謝申し上げる．

28. この理解については（Ranalli, 2018, 第2節）を参照のこと．

29. （Lynch, 2010, 264-265）を参照のこと.

　本稿の草稿に対して有益な助言をくださった井頭昌彦氏，松井美樹氏，そして匿名の2名の査読者に感謝いたします.

参考文献

Asay, J. (2018) "Putting Pluralism in its Place", *Philosophy and Phenomenological Research* 96(1): 175-191.

David, M. (1994). *Correspondence and Disquotation*. Oxford: Oxford University Press.

Edwards, D. (2018). "The Metaphysics of Domains", In J. Wyatt, N. J. L. L. Pedersen & N. Kellen (eds): *Pluralisms in Truth and Logic*. London: Palgrave Macmillan.

Ferrari, F. (2018). "Normative Alethic Pluralism", In J. Wyatt, N. J. L. L. Pedersen & N. Kellen (eds): *Pluralisms in Truth and Logic*. London: Palgrave Macmillan.

Lynch, M. (2009). *Truth as One and Many*. Oxford: Oxford University Press.

———— (2010). "Epistemic Circularity and Epistemic Incommensurability". In Haddock. A, Millar. A, and Pritchard. D (eds), *Social Epistemology*. Oxford: Oxford University Press.

———— (2013). "Three questions about truth pluralism", In N. J. L. L. Pedersen & C. D. Wright (eds), *Truth and Pluralism: Current Debates*. New York: Oxford University Press.

Pedersen, N. J L. L., et al. (2018). "Introduction", In J. Wyatt, N. J. L. L. Pedersen & N. Kellen (eds): *Pluralisms in Truth and Logic*. London: Palgrave Macmillan.

Pedersen, N. J. L. L., & Lynch, M. (2018). "Truth Pluralism", In M. Glanzberg (ed): *The Oxford Handbook of Truth*. Oxford University Press.

Ranalli, C. (2018). "What is Deep Disagreement?" *Topoi;* 1-16. https://doi.org/10.1007/s11245-018-9600-2.

Schroeder, M. (2010). *Noncognitivism in Ethics*. London: Routledge.

Sher, G. (2005). "Functional Pluralism", *Philosophical Books* 46(4): 311-330.

Wright, C. (1992). *Truth and Objectivity*. Cambridge, MA: Harvard University Press.

———— (2001). "Minimalism, Deflationism, Pragmatism, Pluralism", In M. P. Lynch (ed), *The Nature of Truth*. Cambridge, MA: MIT Press.

———— (2003). *Saving the Differences: Essays on Themes from Truth and Objectivity*. Cambridge, MA: Harvard University Press.

Wyatt, J. (2013). "Domains, Plural Truth, and Mixed Atomic Propositions", *Philosophical Studies* 166: 225-236.

————— (2016). "The Many (Yet Few) Faces of Deflationism", *Philosophical Quarterly* 66(263): 362-82.

(一橋大学)

自由応募論文

個体観念が不整合な信念の間の伝聞の様相述語論理

Abstract

In analysing logic of hearsay, the inconsistency of individual notions makes difficulty. Modal logic is suitable for analysing logic of hearsay. The most previous semantics of modal logic such as using possible worlds makes the formula $x = y \supset \Box x = y$ valid. However, in logic of hearsay, it can happen that the quoting person recognises $x = y$ although the quoted person recognises $x \neq y$. As such, the formula $x = y \land \neg\Box x = y$ is satisfiable in logic of hearsay. In order to deal with this, this study propose a new semantics with belief structure.

1 他者の主張の様相論理

本研究では，個体観念の不整合が起こっている他者の信念を記述する論理を検討する．

他者の信念の記述とは「某氏は『甲は乙である．』と主張した．」という類いのものである．その某氏は他で「乙は丙である．」と主張している場合,「某氏は『甲は丙である．』と主張している．」という推論が出来る．即ち,「某氏は『～』と主張した．」の中の部分は論理構造を持つ．依って,「某氏は『甲は乙である．』と主張した．」を論理式で解釈する場合,「某氏は『～』と主張した．」は論理式に作用して論理式を作る演算子と解釈しなければならない．　論理式一ヶに作用して論理式を作る非古典の演算子は様相と呼ばれる．即ち，本研究の目標とする論理は，他者の信念を表す様相を持った様相論理である．

以降,「某氏は『～』と主張した．」を意味する様相記号を□と書く．

この□の分析に於いて，引用者と被引用者との間での個体観念の不整合は大きな問題を惹き起こす．

従来の多くの様相論理の意味論では，$x = y \supset \Box x = y$ が恒真となる．しかし，他者の信念の記述に於いては，話者たる引用者本人は $x = y$ と認識しているが，被引用者は $x \neq y$ と認識している場合がある．即ち，信念の論理では $x = y \land \neg\Box x = y$ が充足可能である．このように，伝聞の論理では従来の多くの様相論理の意味論を用いることは出来ない．

文献 [1] では，信念の一部が間違っている証人の証言から情報を引き出すような様相論理の意味論が提案されている．この意味論は，引用者と被引用者との間での個体観念の不整合がある場合にも有効である．即ち，個体観念の不整合があるとは，引用者にとっては，被引用者の個体把握の一部が間違っているということである．

2019年2月27日投稿，2020年3月6日再投稿，2020年7月9日審査終了

文献 [1] の意味論は有効ではあるが，不満もまたある．この意味論では単層の引用しか対象としておらす，多重引用を扱うことが出来ないことである．本研究ではこれに対する改善を提案する．

本研究は大きく二つの部分からなる．

前半では，文献 [1] の意味論が有効であるという，個体観念の不整合がある場面とはどのような場面であるかを示す．第 2 節では個体観念の不整合がある例を三件紹介する．第 3 節では，このような分析で多く用いられる可能世界意味論について批判する．第 4 節では文献 [1] の意味論によってそれがどのように説明されるかを示す．

後半では，文献 [1] の意味論で不備であった多重引用に対応した意味論を提案する．第 5 節では，多重引用に対応した意味論の形式的定義を与え，第 6 節では，それに関する補題と定理を挙げる．第 7 節では，可能世界意味論との比較を行なう．更なる議論として，第 8 節では，言表様相と事表様相についての今後の課題を提示する．

2 実例

以下に，引用者と被引用者との間で個体観念の不整合が起こっている具体例を紹介する．

2.1 聖徳太子と厩戸王　近年，検定教科書などに於いて〈聖徳太子〉の記述を〈厩戸王〉へと書き換える動きがある．

これに対し「当時の呼称ではないから」という説明があるが，これは単なる欺瞞である．〈用明〉も〈推古〉も，〈武帝〉や〈明治天皇〉も後世の諡であるが，これを《当時の呼称》，即ち諱に置き換える動きはない．東アジアの歴史記述の文脈の中で，皇族の呼称を定着した諡から敢えて存命中の諱へと置き換える動きは，聖徳太子以外には見られない．[1]

では，聖徳太子と厩戸王に特有の事情とは何であろうか．これは，聖徳太子と厩戸王を巡る現在の学説の動向がある．

現在，聖徳太子と厩戸王に関して新しい学説が定着しつつある．これに伴ない，聖徳太子と厩戸王に関する記述の態度には以下の三通りが存在する．

旧学説 [2, 3]
聖徳太子は用明天皇の子であり山背大兄王の父である
聖徳太子は当時は厩戸皇子と呼ばれた
聖徳太子は遣隋使を派遣した
聖徳太子は十七条憲法を策定した
聖徳太子は冠位十二階を制定した

新学説穏健派 [4]

聖徳太子は用明天皇の子であり山背大兄王の父である

聖徳太子は当時は厩戸皇子と呼ばれた

聖徳太子は遣隋使を派遣しなかった

聖徳太子は十七条憲法を策定しなかった

聖徳太子は冠位十二階を制定しなかった

新学説過激派 [5]

厩戸皇子は用明天皇の子であり山背大兄王の父である

厩戸皇子は遣隋使を派遣しなかった

厩戸皇子は十七条憲法を策定しなかった

厩戸皇子は冠位十二階を制定しなかった

聖徳太子は伝説上の人物であり，歴史上の人物ではない

検定教科書では人名用漢字にある〈厩〉の字体を使っているが，新学説では当時の字体である〈廐〉の字体を使っている．

〈聖徳太子〉を〈厩戸王〉に書き換える動きは，新学説過激派を忖度したものである．

新学説穏健派と新学説過激派の間では個体観念に不整合はないので，両者の間の翻訳は可能である．一方，新学説と旧学説では個体観念に不整合があるので，相互の翻訳は不可能である．例えば，旧学説で〈聖徳太子〉とある場合，これを新学説では伝説上の存在とするのか，歴史上の存在とするのか，は，新学説の中の問題であり，旧学説からの翻訳の範囲を超える．

ここで，旧学説の論者が新学説過激派の記述を冷静に引用したならば，こういうこととなる．[2]

「聖徳太子と厩戸王は同一人物なのであるが，新学説過激派の人々は別者であると言っている．」[3]

2.2 井伊直虎と次郎法師 井伊直虎は，通説では次郎法師のことであると言われているが，その二人は別人である，という新説が提出された．通説と新説の要点は以下の通りである．[6]

通説

井伊家の娘が出家して次郎法師と名宣り，次に井伊家の当主となり，井伊直虎と呼ばれた．

新説

井伊家の娘が出家して次郎法師と名宣った．それとは別に関口家の息子が井伊家に入って当主となり，井伊直虎と呼ばれた．後世，この二人は混同された．

通説と新説は個体観念の不整合を棚上げして議論をすることが可能である.即ち,それが次郎法師であるか否かを棚上げして,〈井伊直虎〉と呼ばれる時代の井伊直虎について議論する,あるいは,それが井伊直虎か否かは棚上げして,〈次郎法師〉と呼ばれる時代の次郎法師について議論する,ということは可能である.

ここで,通説の論者が新説の論者について語るならば,以下のようになる.「新説では井伊直虎と次郎法師は別人であると言っているが,両者は同一人物である.」

2.3 刑事法廷 刑事法廷に於いて,被告人が勾留されている時に,起訴状上の〈被告人〉は,勾留され法廷の被告人席にいる被告人,即ち《挙動説上の被告人》と,起訴状に同定された被告人,即ち《記載説上の被告人》を同時に指し示す.両者が別人である,という理由で弁護人が公訴棄却を求めた場合,検察と弁護人との間で個体観念は不整合となる.[4] 検察が弁護人の主張を引用した場合,このようになる.

「弁護人は,被告人席にいる被告人と起訴状に同定された被告人は別人である,と主張しているが,それは真実ではない.」

3 可能世界意味論

様相論理と聞くと必ず可能世界意味論を言い出す人々がいるが,他者の信念の論理を議論する際に,可能世界意味論は有害無益である.まず無益性として,伝聞の論理は被引用者の信念を記述するものであるが,可能世界意味論では各信念が全個体領域を持ち,全原子論理式の真偽値を決定する,と主張する.これは存在論的負荷が重過ぎる.また有害性として,個体観念の整合性が崩れている場合に,可能世界意味論は《貫世界同定》という議論を惹き起こす.[7] これは,各信念が全個体領域を持つ,という発想を捨てた場合には不要となるのであり,過剰な存在論が作り出した不毛な議論である.[5]

4 先行研究と多重引用

伝聞には,他者の主張を伝聞として記述したものを更に伝聞として記述する,即ち多重伝聞がある.前節の具体例は皆,そうした多重伝聞ではなく単純伝聞である.即ち,被引用者は何者も引用していない.

単純伝聞については問題は既に解決している.先行研究 [1] にある意味論では以下が成り立つ.

$$(\top, x = y, \emptyset) \models x = y \land \neg\Box x = y$$

よって $x = y \land \neg\Box x = y$ は充足可能であり,$x = y \supset \Box x = y$ は恒真ではない.

　本研究では，この意味論を多重伝聞に拡張する．
　多重引用の例にこのようなものがある．
　　清水氏は「妻は野家氏と野矢氏の区別が付かない」と語った．
ここでは，引用者は清水氏の信念を語っているが，その清水氏の信念の中で
はまた，清水氏の配偶者の信念が語られている．しかし，実際に清水氏の配偶
者がそのような信念を持っているかどうかは別の話である．清水氏は引用者に
冗談を言ったのかも知れない．あるいはまた，清水氏の配偶者は実は野家氏と
野矢氏の区別が付いていて，清水氏がそれを見誤っているのかも知れない．兎
にも角にも，引用者の信念の中の清水氏の信念の中の清水氏の配偶者の信念
では，野家氏と野矢氏の区別が付いていない．これは，多重引用の中での個体
観念の不整合である．
　以降，このような多重引用を扱えるような意味論を提案する．

5　意味論

　以下に，まず論理式の言語を定義し，次に信念構造を定義し，その上で，信
念構造による論理式の解釈を定義する．この解釈は関係 $\models$ によって行なう．

5.1　言語　論理式の言語は以下のように定義する．

Ag：主体の集合，濃度 1 以上の有限集合

$\mathbf{\Sigma}_F$：函数記号の集合，定数記号は 0 引数の函数記号と見做す，可算集合

$\mathbf{\Sigma}_P$：述語の集合，可算集合

Var：変数の集合，可算無限集合

Term：**Var** と $\mathbf{\Sigma}_F$ から生成される項の集合

GT：基底項の集合，即ち変数の現れない項の集合

Frml：以下の文法から生成される論理式の集合

$$\mathbf{Frml} ::= \mathbf{\Sigma}_P(\mathbf{Term}, ..., \mathbf{Term}) \mid \mathbf{Term} = \mathbf{Term} \mid \mathbf{Frml} \wedge \mathbf{Frml} \mid \neg\mathbf{Frml}$$
$$\mid \forall\mathbf{VarFrml} \mid [\mathbf{Ag}]\mathbf{Frml} \mid \mathbf{C}(\mathbf{Ag}, \mathbf{Term})$$

CF：$[a]$ と **C** を含まない論理式の集合，この論理式を古典論理式と呼ぶ

　集合 **Frml** の元を論理式と呼ぶ．

　$\mathbf{C}(a, t)$ は古典論理式に含まれない特別な論理式であり，この論理式の話者
は項 t の表す個体観念を信念主体 a と共有している，という意味である．

　以下のような記法を用いる．$t = t'$ は論理式を表す．表現が同一であること
は $t \equiv t'$ と書く．

$$F \supset G \equiv \neg(F \wedge \neg G) \qquad F \subset\!\!\!\supset G \equiv (F \supset G) \wedge (G \supset F)$$
$$F \vee G \equiv (\neg F) \supset G \qquad \exists x F \equiv \neg\forall x \neg F \qquad \langle a \rangle F \equiv \neg[a]\neg F$$
$$t \neq t' \equiv \neg\, t = t' \qquad \top \equiv \forall x\; x = x \qquad \bot \equiv \neg\top$$

結合の力は ¬, ∀, ∃, [ ], ⟨ ⟩, ∧, ∨, ⊃, ⊃⊂ の順に強い. また ⊃ は右結合的である.
即ち $F \supset G \supset H \equiv F \supset (G \supset H)$.

5.2　信念構造　信念構造は以下のように定義される五つ組 $M = (N, E, A, B, C)$ である.

> (N, E) : 有向グラフ
> N : 節点の集合, 濃度 1 以上の有限集合
> $E \subset N \times N$: 辺の集合, $n \to n'$ は $(n, n') \in E$ を表す
> $A : N \to \mathbf{Ag}$: 各節点への主体の割当, $n \to n'$ ならば $A(n) \neq A(n')$
> $B : N \to \mathbf{CF}$: 各節点への古典論理式の割当
> $\mathbf{FV}(B) = \bigcup_{n \in N} \mathbf{FV}(B(n))$: B の自由変数
> $C : N \to \mathcal{P}(\mathbf{GT})$: 各節点への基底項の割当

信念構造 $M = (N, E, A, B, C)$ の自由変数とは以下のように定義する.

> $\mathbf{FV}(M) = \mathbf{FV}(B)$

以下に A, B, C について説明する.

$A(n)$ は n の主体である. 多くの可能世界意味論では, グラフの辺に標識付けするが, これはその標識に相当する. 本研究では, その節点が誰の信念であるかを表すために, 節点に標識付けする方針を採用する.

$B(n)$ は n に於ける信念の古典論理部分を生成する古典論理式である. 可能世界意味論では, ここに全個体領域と全述語の解釈を置くが, 他人の信念を想像するという目的に於いて, それは存在論的に重過ぎる. 想像し得る信念の古典論理部分を有限の論理式で書いて, それの連言を取って一つの論理式とすることで目的は足りる.

$C(n)$ は n に於いて他者と共有し得る個体観念の集合である. $n \to n'$, $t \in C(n) \cap C(n')$ の時, n と n' で個体観念 t を共有する.

変数 x に対して, 関係 $<_x$ を定義する.

> $B, B', x \in \mathbf{Var} - \mathbf{FV}(B)$ に対して, $B <_x B'$ とは
> > 任意の $n \in N$ に対してある $Q_n \in \mathbf{CF}$ があって
> > $B'(n) \equiv B(n) \wedge (\exists x Q_n \supset Q_n)$

これは, B' は B と比べて, 各節点 n に於いて Q_n によって x が定義されていることを表す. ε 記法を使うならば, 各節点 n の信念 $B(n)$ に $x = \varepsilon x Q_n$ を追加したものが $B'(n)$ であるということと同等である.

信念構造 $M = (N, E, A, B, C)$, $M' = (N, E, A, B', C)$ に対して $M <_x M'$ とは $B <_x B'$ のことである.

5.3　論理式の解釈　論理式の解釈を以下に定義する.

まず，$\Delta : N \to \mathcal{P}(\mathbf{CF})$ とは $\Delta(n) = \{t \neq t' | t, t' \in C(n), t \not\equiv t'\}$ のことである．また $\vdash$ は古典論理の導出関係である．

信念構造 $M = (N, E, A, B, C)$，$n \in N$，$H \in \mathbf{CF}$，$F \in \mathbf{Frml}$ に対し四項関係 $(M, n, H) \models F$ を以下のように定義する．これは直感的には，M の節点 n に於いて $H \supset F$ が $A(n)$ の信念に含まれるということである．H は古典論理の否定記号を解釈するための補助的な論理式である．

この四項関係の定義は F の構成に関する帰納法で行なう．

$$(M, n, H) \models p(t_1, ..., t_n) \iff B(n), \Delta(n), H \vdash p(t_1, .., t_n) \qquad (p \in \mathbf{\Sigma}_P)$$

$$(M, n, H) \models t = t' \iff B(n), \Delta(n), H \vdash t = t'$$

$$(M, n, H) \models F \wedge G \iff (M, n, H) \models F \; \& \; (M, n, H) \models G$$

$(M, n, H) \models \neg F \iff$
$\qquad \forall H' \in \mathbf{CF}. \; B(n), \Delta(n), H, H' \not\vdash \bot \Rightarrow (M, n, H \wedge H') \not\models F$

$(M, n, H) \models \forall x F \iff$
$\qquad (\forall M'. \; M <_x M' \Rightarrow (M', n, H) \models F)$
$\qquad \& \; \forall t \in \mathbf{GT}. \; (M, n, H) \models F[t/x] \qquad (x \notin \mathbf{FV}(M) \cup \mathbf{FV}(H))$

$$(M, n, H) \models [A(n)]F \iff (M, n, \top) \models F$$

$(M, n, H) \models [a]F \iff$
$\qquad B(n), \Delta(n), H \vdash \bot$ または
$\qquad \forall n' \in N. \; n \to n' \; \& \; A(n') = a \Rightarrow (M, n', \top) \models F \qquad (a \neq A(n))$

$$(M, n, H) \models \mathbf{C}(A(n), t) \iff B(n), \Delta(n), H \vdash \bot \text{ または } t \in \mathbf{C}(n)$$

$(M, n, H) \models \mathbf{C}(a, t) \iff$
$\qquad B(n), \Delta(n), H \vdash \bot$ または
$\qquad \forall n' \in N. \; n \to n' \; \& \; A(n') = a \Rightarrow t \in C(n) \cap C(n') \qquad (a \neq A(n))$

左辺の無い $\models F$ は以下のように定義する．

$\models F \iff$
$\qquad$ 任意の $M = (N, E, A, B, C)$ と
$\qquad \mathbf{Var} - \mathbf{FV}(M)$ の変数に対する任意の項の代入 θ に対して
$\qquad \forall n \in N. \forall H \in \mathbf{CF}. \; (M, n, H) \models F\theta$

5.4　解釈の意味　このように定義した $(M, n, H) \models F$ は，$H \supset F$ が n の信念に入っていることを表す．$(M, n, H) \models F$ か $(M, n, H) \models \neg F$ かどちらかであるということではない．$H \supset F$ も $H \supset \neg F$ もどちらも n の信念に入っていないならば $(M, n, H) \not\models F$ かつ $(M, n, H) \not\models \neg F$ となる．

6　補題と定理

以下に補題を幾つか示す．

補題 1 $\forall F \in \mathbf{CF}.\ B(n), \Delta(n), H \vdash F \iff (M, n, H) \models F$

特に $B(n), \Delta(n), H \nvdash \bot \Rightarrow (M, n, H) \nvDash \bot$ が成り立つ. 故に $\nvDash \bot$ である. この補題から次の補題が言える.

補題 2 $\forall F \in \mathbf{CF}.\ \vdash F \iff \models F$

故にこの論理は無矛盾であり, 古典論理に対して保存拡大になっている.

補題 3 $B(n), \Delta(n), H \vdash \bot \Rightarrow \forall F \in \mathbf{Frml}.\ (M, n, H) \models F$

補題 4 $(M, n, H) \models F \supset G\ \&\ (M, n, H) \models F \Rightarrow (M, n, H) \models G$

補題 5 $H,', H'' \in \mathbf{CF}.\ H \vdash H' \vee H''\ \&\ (M, n, H') \models \neg F\ \&\ (M, n, H'') \models G$
ならば $(M, n, H) \models F \supset G$

これは $(M, n, H) \models F \supset G$ の十分条件である. これが必要十分条件なのかどうかは分かっていない. $(M, n, H) \models F \supset G$ の簡潔な必要十分条件は分かっていない.

補題 6 1. $(M, n, H) \models \langle A(n) \rangle F \iff (M, n, H) \models F$

2. $a \neq A(n)$ の時, $(M, n, H) \models \langle A(n) \rangle F \iff$

$B(n), \Delta(n), H \vdash \bot$ または $\exists n' \in N.\ n \to n'\ \&\ A(n') = a\ \&\ (M, n', \top) \models F$

補題 7 1. F がトートロジーならば $\models F$ 2. $\models F \supset G\ \&\ \models F \Rightarrow\ \models G$

3. $\models F \Rightarrow\ \models \forall x F$ 4. $\models \forall x F \supset F[t/x]$

5. $\models \forall x (F \supset G) \Rightarrow\ \models F \supset \forall x G\quad (x \notin \mathbf{FV}(F))$

6. $\models F \Rightarrow\ \models [a]F$ 7. $\models [a](F \supset G) \supset [a]F \supset [a]G$

8. $\models [a]F \supset [a][a]F$ 9. $\models \langle a \rangle F \supset \langle a \rangle [a]F$

この補題の 8 と 9 の証明を付録 A 節に記載する.

補題 8 1. $\models F \Rightarrow\ \models \forall x F$

2. F に x が現れなければ $\models (F \supset \forall x G) \supset \forall x (F \supset G)$

補題 9 $F_0, F_1, ..., F_k \in \mathbf{CF}$ の時,

$$\models \forall x (F_0 \vee \langle a_1 \rangle F_1 \vee [a_2]F_2 \vee ... \vee [a_k]F_k)$$
$$\subset\!\!\supset \forall x F_0 \vee \langle a_1 \rangle \forall x F_1 \vee [a_2]\forall x F_2 \vee ... \vee [a_k]\forall x F_k$$

特に, $F \in \mathbf{CF}$ なら $\models \forall x [a] F \subset\!\!\supset [a] \forall x F$ かつ $\models \forall x \langle a \rangle F \subset\!\!\supset \langle a \rangle \forall x F$.

補題 7 により, $\models$ は K45 様の様相述語論理であると言える.

以下に定理を示す.

定理 1 $\nvDash x = y \supset [a]\ x = y$

証明

$M = (N, E, A, B, C),\ N = \{n, n'\},\ E = \{(n', n)\},$

$A(n) = a,\ A(n') = a',\ B(n) \equiv x \neq y\ ,\ B(n') \equiv x = y\ ,$

$C(n) = C(n') = \varnothing\ .$

この時, $B(n'), \Delta(n') \nvdash \bot$.

まず，$(M, n', \top) \models x = y$ が成り立つ．一方で，$x = y, H \not\vdash \bot$ ならば $(M, n, H) \not\models [a]\, x = y$．故に $(M, n', \top) \models \neg[a]\, x = y$．故に $(M, n', \top) \models x = y \wedge \neg[a]\, x \neq y$．

故に $(M, n', \top) \not\models x = y \supset [a]\, x = y$．故に $\not\models x = y \supset [a]\, x = y$．

定理 2 1. $\models \forall x \forall y (\mathbf{C}(a, x) \supset \mathbf{C}(a, y) \supset x = y \supset [a]\, x = y)$

2. $\models \forall x \forall y (\mathbf{C}(a, x) \supset \mathbf{C}(a, y) \supset x \neq y \supset [a]\, x \neq y)$

これにより，共有している個体観念に対しては，従来の $x = y \supset \Box x = y$ のような命題が成立する．

恒真式の完全な公理化は未だ与えられていない．補題 7，8，9 と定理 2 が完全な公理化を与えると予想される．これは今後の課題である．

7 可能世界意味論との比較

本節で本研究の意味論と可能世界意味論とを比較する．

7.1 信念構造と可能世界の構造の比較　以下に本研究の信念構造と可能世界意味論での可能世界とを比較する．

構造の骨格は双方とも有向グラフであり，同一である．

信念の主体は，信念構造ではグラフの節点に標識付けしている．一方で，可能世界では多くの場合，辺に標識付けする．しかしこの違いは本質的ではない．節点に標識付けされたグラフの族と辺に標識付けされたグラフの族との間には，互いに，どのような論理式が正しくなるかが同一になるようなグラフが相手側に存在する，という関係が成り立つ．詳しくは付録 B 節に記載する．この意味に於いて，グラフの節点に標識付けすることと辺に標識付けすることとは同等である．本研究では，その信念が誰のものか，という情報が必要なので，節点に標識付けをした．

節点に割り当てられるものは，可能世界では個体領域と述語の解釈である．このことが，可能世界意味論は存在論的負荷が大き過ぎると批判される点である．信念構造では，その節点での信念を表す論理式があるのみである．

個体観念の共有を実現するものは，可能世界の場合には定説はないが，多くの場合，個体領域の共有であったり，貫世界同定であったりする．しかし，個体観念が不整合である場合を扱うことは出来ない．一方で信念構造では，共有しうる観念を表す基底項である．

	可能世界	信念構造
構造の骨格	節点と有向辺	節点と有向辺
信念の主体	辺に標識付け	節点に標識付け
節点にあるもの	個体領域と 述語の解釈	論理式
個体観念の 共有	貫世界同定	共有し得る観念を 表す基底項

7.2 　信念構造による意味論の可能世界意味論での実現　以下に，本研究の意味論を可能世界意味論によって実現出来るかについて検討する．

　文献 [8]，[9] には $x = y \supset \Box \, x = y$ が恒真ではない可能世界意味論が紹介されている．

　文献 [8] では，形而上学的必然性を表す様相について議論されている．本研究で議論している様相は他人の信念を表す様相である．構文上同じ様相論理だからといって用途が違うものをその儘流用することが出来ないのは当然であり，単に比較するのみに留めておかなければならない．文献 [9] では，論理的帰結を表す様相が議論されている．本研究が対象とする様相は他人の信念を表す様相であるが，文献 [1] にあるように，他人の信念は他人の発言からの論理的帰結によって推論するので，文献 [9] の意味論は参考になる．文献 [9] に於いても，論理的帰結を表す様相の意味論として可能世界意味論は採用されていないが，単に既存の意味論と比較するというそれだけの目的で，可能世界意味論に言及されている．

　文献 [8]，[9] に紹介されている可能世界意味論は以下の通りである．ここでの様相記号は $\Box$ のみである．

　N は節点の集合であり，$E \subset N \times N$ は節点間の到達可能関係である．文献 [9] では命題部分の論理は S5 なので，$E = N \times N$ となっている．各 $n \in N$ には個体領域 D_n がある．各 k 引数述語 p と各 $n \in N$ に対してその解釈 $I(n, p) \subset D_n^k$ があり，各 k 引数函数記号 f と各 $n \in N$ に対して D_n 上の k 引数函数 $I(f, n) : D_n^k \to D_n$ がある．Ξ は各 $n \in N$ に対して D_n の元を与える函数 ξ の全体の集合である．即ち $\Xi = \prod_n D_n$ ．変数の割当 ρ は，各変数

x に対して $\rho(x) \in \Xi$ となる函数である.$\rho[\xi/x]$ は, x 以外の変数 y に対しては $\rho(y)$ を与え, x に対しては ξ を与える割当である.

以上の (N, E, D, I) の許で, 項 t に対して $[\![t]\!]_{n,\rho}$ は以下のように定義する.

$[\![x]\!]_{n,\rho} = \rho(x)(n)$

$[\![f(t_1, t_2, ..., t_k)]\!]_{n,\rho} = I(f, n)([\![t_1]\!]_{n,\rho}, [\![t_2]\!]_{n,\rho}, ..., [\![t_k]\!]_{n,\rho})$

論理式 F に対し, $n, \rho \models F$ は以下のように定義する

$n, \rho \models t = t' \iff [\![t]\!]_{n,\rho} = [\![t']\!]_{n,\rho}$

$n, \rho \models p(t_1, t_2, ..., t_n) \iff \langle [\![t_1]\!]_{n,\rho}, [\![t_2]\!]_{n,\rho}, ..., [\![t_k]\!]_{n,\rho} \rangle \in I(p, n)$

$n, \rho \models F \wedge G \iff n, \rho \models F \ \& \ n, \rho \models G$

$n, \rho \models \neg F \iff n, \rho \not\models F$

$n, \rho \models \forall x.F \iff$ 任意の $\xi \in \Xi$ に対して $n, \rho[\xi/x] \models F$

$n, \rho \models \Box F \iff$ 任意の $n' \in N$ に対して $\langle n, n' \rangle \in E$ ならば $n', \rho \models \Box F$

このように $\models$ を定義すると, ある地点 n で $\rho(x)(n) = \rho(y)(n)$ であっても, 必ずしも $\forall n. \ \rho(x)(n) = \rho(y)(n)$ とは限らない. このような場合には $n, \rho \models x = y$ かつ $n, \rho \not\models \Box \ x = y$ が成り立ち, 故に $n, \rho \not\models x = y \supset \Box \ x = y$ が成り立つ. よって $x = y \supset \Box \ x = y$ は恒真ではない.

本研究の論理は多重様相であり, また特別な述語 C がある. よって上記意味論に多重様相と C の解釈を追加する必要がある.

節点から信念主体への函数 $A : N \to \mathbf{Ag}$ によって節点 $n \in N$ に信念主体 $A(n)$ の標識付けをする. 各節点 n と各信念主体 a に対して D_n の部分集合 $C_{n,a}$ がある.

更に, $\langle n, n' \rangle \in E$ かつ $A(n') = a$ であるような任意の n, n', a に対して, 単射 $\phi_{n,n'} : C_{n,a} \to D_{n'}$ があり, 次の条件を充たす.

$\langle n, n' \rangle \in E$ かつ $A(n') = a$ かつ $e \in C_{n,a}$ であるような

任意の n, n', a, e に対して,

ある基底項 t があって $e = [\![t]\!]_{n,\rho}$ かつ $\phi_{n,n'}(e) = [\![t]\!]_{n',\rho}$

この単射 ϕ は, 個体観念の共有を表すものである. またこの条件は, $C(a, t)$ が真となるのは t が基底項である時に限る, という条件を反映したものである.

そうして, 述語 C と様相 $[a]$ の解釈を以下のように定義する.

$n, \rho \models C(a, t) \iff$

$\langle n, n' \rangle \in E$ かつ $A(n') = a$ であるような任意の n' に対して

$\phi_{n,n'}([\![t]\!]_{n,\rho}) = [\![t]\!]_{n',\rho}$

$n, \rho \models [a]F \iff$

$\langle n, n' \rangle \in E$ かつ $A(n') = a$ であるような任意の n' に対して

$n', \rho \models F$

この意味論と本研究で提案した意味論との関係は明らかではない．まず本研究で提案した意味論が公理化された後に，可能世界意味論との関係が議論されるのであろう．これは今後の課題である．

この意味論に比べての本研究で提案した意味論の利点は，定義が簡明であり余計な存在者を必要としていないことである．本研究で提案した意味論は可能世界に言及しない．

8 事象的と言表的

文献 [8] には，事象的と言表的の語が有る．この事象的と言表的とは一体何なのか，その本質には未だ定説は無い．ここでは一応以下のように整理する．

事象的とは，個体そのものについて，その性質を記述することである．一方で，言表的とは，それがどのように個体同定されているかに関する記述であり，即ち，それに対する定義文が論理的に何を含意しているか，の記述である．

この事象的と言表的の対立は，本研究の意味論では，全称記号の解釈の際に表に出ているという仮説が成り立つ．即ち，全称記号の意味は，どのように具体化しても成り立つ，というものであるが，その形式的定義で二つの条件が連言で結ばれている．その片方が事象的な具体化であり，もう一方が言表的な具体化である，という仮説である．

$$(M, n, H) \models \forall x F \iff$$
$$(\forall M'.\ M <_x M' \Rightarrow (M', n, H) \models F) \quad \cdots \quad \text{言表的な具体化}$$
$$\&\ \forall t \in \mathbf{GT}.\ (M, n, H) \models F[t/x] \quad \cdots \quad \text{事象的な具体化}$$

また，$\mathbf{C}(a, x)$ は〈x は事象的である〉を含意している，という仮説も成り立つ．補題9により $\models \forall x[a]F \supset\!\subset [a]\forall x F$ が成り立つが，$\forall x(\mathbf{C}(a, x) \supset [a]F)$ に於いては，$C(a, x)$ が障壁となって量化記号と様相記号を交換することが出来ない．

以上の仮説は，事象的と言表的の語義が定まっていないため，精密な議論が出来ない．事象的と言表的を定義し，仮説を精密に議論することは今後の課題である．

付録

A 補題7の8と9の証明

A.1 補題7の8の証明 信念構造 M，節点 n，古典論理式 H，信念主体 a，論理式 F に対して，$(M, n, H) \models [a]F \supset [a][a]F$ を示す．

以下のように4通りの場合分けで行なう．

場合分け1 $A(n) = a$ かつ $(M, n, \top) \models F$ の場合

$\models$ の定義により $(M, n, \top) \models [a]F$，故に $(M, n, \top) \models [a][a]F$．

一方で $(M,n,\perp) \models \neg[a]F$ ．なおかつ $H \vdash \perp \vee \top$ ．

補題 5 により $(M,n,H) \models [a]F \supset [a][a]F$ ．

場合分け 2　　$A(n) = a$ かつ $(M,n,\top) \not\models F$ の場合

$\models$ の定義により $(M,n,\top) \models \neg[a]F$ ．一方で $(M,n,\perp) \models [a][a]F$ ．
なおかつ $H \vdash \top \vee \perp$ ．

補題 5 により $(M,n,H) \models [a]F \supset [a][a]F$ ．

場合分け 3　　$A(n) \neq a$ かつ，$n \to n'$ かつ $A(n') = a$ であるような全ての
n' に於いて $(M,n',\top) \models F$ の場合

$\models$ の定義により $(M,n',\top) \models [a]F$，故に $(M,n,\top) \models [a][a]F$ ．

一方で $(M,n,\perp) \models \neg[a]F$ ．なおかつ $H \vdash \perp \vee \top$ ．

補題 5 により $(M,n,H) \models [a]F \supset [a][a]F$ ．

場合分け 4　　$A(n) \neq a$ かつ，ある n' があって $n \to n'$ かつ $A(n') = a$ かつ
$(M,n',\top) \not\models F$ の場合

$\models$ の定義により，$B(n),\Delta(n),H' \not\vdash \perp$ ならば $(M,n,\top) \not\models [a]F$ ．故に
$(M,n,\top) \models \neg[a]F$ ．

一方で $(M,n,\perp) \models [a][a]F$ ．なおかつ $H \vdash \top \vee \perp$ ．

補題 5 により $(M,n,H) \models [a]F \supset [a][a]F$ ．

A.2　補題 7 の 9 の証明　信念構造 M，節点 n，古典論理式 H，信念主体 a，
論理式 F に対して，$(M,n,H) \models \langle a \rangle F \supset \langle a \rangle[a]F$ を示す．

以下のように 4 通りの場合分けで行なう．

場合分け 1　　$A(n) = a$ かつ $(M,n,\top) \models F$ の場合

$\models$ の定義により，$(M,n,\top) \models [a]F$ ．補題 6 により $(M,n,\top) \models \langle a \rangle[a]F$ ．
一方で $(M,n,\perp) \models \neg\langle a \rangle F$ ．なおかつ $F \vdash \perp \vee \top$ ．

補題 5 により $(M,n,H) \models \langle a \rangle F \supset \langle a \rangle[a]F$ ．

場合分け 2　　$A(n) = a$ かつ $(M,n,\top) \not\models F$ の場合

補題 6 により，$B(n),\Delta(n),H' \not\vdash \perp$ ならば $(M,n,\top) \not\models [a]F$ ．$\models$ の定義に
より $(M,n,\top) \models \neg\langle a \rangle F$ ．

一方で $(M,n,\perp) \models \langle a \rangle[a]F$ ．なおかつ $H \vdash \top \vee \perp$ ．

補題 5 により $(M,n,H) \models \langle a \rangle F \supset \langle a \rangle[a]F$ ．

場合分け 3　　$A(n) \neq a$ かつ，ある n' があって $n \to n'$ かつ $A(n') = a$ かつ
$(M,n',\top) \models F$ の場合

$\models$ の定義により $(M,n',\top) \models [a]F$，補題 6 により $(M,n,\top) \models \langle a \rangle[a]F$ ．
一方で $(M,n,\perp) \models \neg\langle a \rangle F$ ．なおかつ $H \vdash \perp \vee \top$ ．

補題 5 により $(M,n,H) \models [a]F \supset \langle a \rangle[a]F$ ．

場合分け 4 $A(n) \neq a$ かつ，$n \to n'$ かつ $A(n') = a$ であるような全ての n' に於いて $(M, n', \top) \not\models F$ の場合

補題 6 により $B(n), \Delta(n), H' \not\vdash \bot$ ならば $(M, n, \top) \not\models \langle a \rangle F$．故に $(M, n, \top) \models \neg \langle a \rangle F$．

一方で $(M, n, \bot) \models \langle a \rangle [a] F$．なおかつ $H \vdash \top \vee \bot$．

補題 5 により $(M, n, H) \models [a] F \supset \langle a \rangle [a] F$．

B　付録: 節点標識付きグラフと辺標識付きグラフの同等性

以下に，多重様相一階命題論理に於ける節点標識付きグラフと辺標識付きグラフの同等性について論ずる．

B.1　論理式　多重様相一階命題論理に於ける論理式は以下のように定義される．

– **Ag** は標識の集合.
– **Var** は命題変数の集合.
– 論理式の集合 **Frml** は以下の文法により定義される.

$$\textbf{Frml} ::= \textbf{Var}|\neg\textbf{Frml}|\textbf{Frml} \wedge \textbf{Frml}|[\textbf{Ag}]\textbf{Frml}$$

B.2　節点標識付きグラフ　節点標識付きグラフとは，本文に於ける信念構造の内のグラフの骨格と信念主体の標識のみを持つものであり，以下のように定義される．

– (N, E, A) が節点標識付きグラフとは以下を充すことを言う.
– N は有限集合，これの元を節点と呼ぶ.
– $E \subset N \times N$ は節点から節点への辺の集合.
　$(n, n') \in E$ のことを $n \to n'$ と書く.
– $A : N \to \textbf{Ag}$ は節点から標識への函数.

B.3　節点標識付きグラフによる論理式の評価　$\rho \subset \textbf{Var} \times N$ を命題変数の値の割当と呼ぶ．節点標識付きグラフ (N, E, A) に於いて，$n \in N$ と $\rho \subset \textbf{Var} \times N$ と $F \in \textbf{Frml}$ との間の三項関係 $\models^N$ は以下のように定義される．

$$(n, \rho) \models^N p \iff (p, n) \in \rho \text{ 但し } p \in \textbf{Var}$$
$$(n, \rho) \models^N \neg F \iff (n, \rho) \not\models^N F$$
$$(n, \rho) \models^N F \wedge G \iff (n, \rho) \models^N F \text{ \& } (n, \rho) \models^N G$$
$$(n, \rho) \models^N [a]F \iff \forall n' \in N.\, n \to n' \text{ \& } A(n') = a \Rightarrow (n', \rho) \models^N F$$

B.4　辺標識付きグラフ　辺標識付きグラフは多くの文献に於いて多重様相の解釈に用いられるグラフであり，以下のように定義される．

(N, E) が節点標識付きグラフとは以下を充すことを言う．

N は有限集合, これの元を節点と呼ぶ.

$E \subset N \times \mathbf{Ag} \times N$ は節点から節点への標識付き辺の集合.

$(n, a, n') \in E$ のことを $n \xrightarrow{a} n'$ と書く.

B.5 辺標識付きグラフによる論理式の評価 辺標識付きグラフ (N, E) に於いて, $n \in N$ と $\rho \subset \mathbf{Var} \times N$ と $F \in \mathbf{Frml}$ との間の三項関係 $\models^E$ は以下のように定義される.

$$(n, \rho) \models^E p \iff (p, n) \in \rho \text{ 但し } p \in \mathbf{Var}$$
$$(n, \rho) \models^E \neg F \iff (n, \rho) \not\models^E F$$
$$(n, \rho) \models^E F \wedge G \iff (n, \rho) \models^E F \ \& \ (n, \rho) \models^E G$$
$$(n, \rho) \models^E [a]F \iff \forall n' \in N. \ n \xrightarrow{a} n' \Rightarrow (n', \rho) \models^E F$$

B.6 節点標識付きグラフからの, それと等価な辺標識付きグラフの生成 節点標識付きグラフ (N, E, A) から, それと等価な辺標識付きグラフ (N, E') を以下のように生成する.

$$E' = \{(n, a, n') \in N \times \mathbf{Ag} \times N | n \rightarrow n' \ \& \ A(n') = a\}$$

以下が成り立つ.

$$(N, E, A) \text{ に於いて } (n, \rho) \models^N F \iff (N, E') \text{ に於いて } (n, \rho) \models^E F$$

B.7 辺標識付きグラフからの, それと等価な節点標識付きグラフの生成 節点標識付きグラフ (N, E) から, それと等価な辺標識付きグラフ (N', E', A) を以下のように生成する.

$$N' = N \times \mathbf{Ag}$$
$$E' = \{((n, a), (n', a')) \in N' \times N' | (n, a', n') \in E\}$$
$$A : (n, a) \mapsto a : N' \rightarrow \mathbf{Ag}$$

また, $\rho \subset \mathbf{Var} \times N$ から $\rho' \subset \mathbf{Var} \times N'$ を以下のように作る,

$$\rho' = \{(p, (n, a)) \in \mathbf{Var} \times N' | (p, n) \in \rho\}$$

以下が成り立つ.

$$(N, E) \text{ に於いて } (n, \rho) \models^E F \iff (N', E', A) \text{ に於いて } ((n, a), \rho') \models^N F$$

謝辞

匿名の査読者の有益な助言に感謝したい.

注

[1] 歴史記述の文体として, 〈劉徹〉や〈睦仁〉という諱を使い, 人物を生き生きと描写する文芸技法がある. これは現代になって生まれた新しい記述形式であって, 旧来の記述形式を取りながら呼称のみを書き換えるというものでは

ない. また, 三国志を題材とした文芸では〈武帝〉や〈昭烈帝〉ではなく〈曹操〉や〈劉備〉と記述されるが, これは従来より諱での記述が定着しているのであり, 諡を諱に書き換える動きではない.

² 現実には, 旧学説の論者と新学説の論者の間の対話は感情的に不可能である. 唯, 冷静さを欠き論理的でない引用があるのみである. [10]

³ 〈真田信繁〉と〈真田幸村〉との間にも, 歴史上の人物の名前と, それを題材とした創作上の人物の名前, という関係がある. しかし両者を混同する論理的な言説はないので, 論理学の分析の対象とはならない. しかし勿論, 歴史上の人物と創作上の人物の混同による論理的でない言説は常に多数ある.

⁴ 刑事では, 挙動説上の被告人と記載説上の被告人とに対する諸手続やその効果は明らかであり, 議論となることはない. そのため,〈挙動説〉,〈記載説〉という用語すら無い. この用語は民事訴訟法に関する講学上の用語である.

⁵ 人が可能世界意味論にしがみつく理由は単に, 最初にそれを習い, それしか知らないから, ということのみである. 人は可能世界意味論に対し, 先ず安易に依存し, 後に頑冥に固執する. 恰も動物の仔が, 生まれて初めて見た物を親と思い込むようなものである.

文献

[1] 竹内泉「伝聞の論理」科学哲学 39 巻 2 号, 57〜69 頁, 2006 年

[2] 坂本賞三ら「高等学校新日本史」第一学習社, 1982 年 3 月検定, 1984 年 2 月発行, 32 頁

[3] 坂本太郎「新編高等学校日本史」好学社 1971 年, 29〜32 頁

[4] 大平聡「聖徳太子」山川出版社, 2014 年

[5] 大山誠一「〈聖徳太子〉の誕生」吉川弘文館, 1999 年

[6] 東京新聞 2016 年 12 月 15 日夕刊

[7] 野本和幸「現代の論理的意味論―フレーゲからクリプキまで」岩波書店, 1988 年, 第 6 章

[8] G.E. ヒューズ, M.J. クレスウェル著, 三浦聰, 大浜茂生, 春藤修二訳「様相論理入門」恒星社厚生閣, 1981 年

[9] 竹内泉「様相論理の文脈意味論」科学哲学 36 巻 2 号, 135〜150 頁, 2003 年

[10] 産経ニュース 2017 年 3 月 20 日『次期指導要領で「聖徳太子」復活へ 文科省改定案,「厩戸王」表記で生徒が混乱 「鎖国」も復活』

https://www.sankei.com/life/news/170320/lif1703200006-n2.html
2020 年 7 月 14 日閲覧

（産業技術総合研究所）

自由応募論文

間違った種類の理由と毒パズル

佐藤広大

Abstract

The buck-passing accounts of values, which analyze values in terms of reasons, have lately attracted attention. There are thought to be counterexamples, such as the toxin puzzle, to the buck-passing accounts. However, it is a question whether the toxin puzzle is really a counterexample to this account. This paper shows that if two theses, namely *the strong relationship between normative and motivating reasons* and *the guise of the good*, are true, the toxin puzzle is not a counterexample to this account. It follows from this that in discussions of counterexamples to the buck-passing accounts the meanings of "reasons" and "values" need to be made explicit.

1 序論

近年, 行為の哲学やメタ倫理学において「理由」がトレンドワードになっている. その文脈で注目されているのが「価値の責任転嫁説 (the buck-passing account of value)」である. ここでは次のように定式化しよう.

> [転嫁説] ある対象に価値があるのは, その対象が次のような性質を持っているときかつそのときにかぎる. その性質とは, ある行為者がその対象に対して肯定的態度をとるための理由[1]を与えるような性質である[2].

たとえば, A大学は価値ある, よい大学だとしよう. そのとき, [転嫁説]によれば, A大学は, ある行為者がその大学に対して肯定的態度をとる (賞

2019年5月8日投稿, 2020年6月17日再投稿, 2020年7月23日審査終了

賛したり，羨望したりする）ための理由を与えるような性質を持っている．そのような性質とは，たとえば，教員が多いという性質や，図書館が充実しているという性質などだろう．［転嫁説］では，対象に価値があるということ自体が，行為者がその対象に対して肯定的態度をとるための理由を与えているのではない．理由を与えるのは，価値があるという以外の性質である．たとえば，先ほどのA大学の例でいえば，教員が多いという性質などである．理由を与えるこうした性質を持っていることを我々は価値があると呼んでいることになる．

　岡本慎平は，［転嫁説］の根拠を三つ挙げる．第一に，価値を非規範的性質と同一視できないことである．［転嫁説］は価値を「理由を与える性質を持っているという性質」と定義するので，価値そのものを自然的性質と同一視することなく，価値と自然的性質のつながりを保持している．第二に，価値が理由を与えないことである．A大学に対して肯定的態度をとるための理由を説明する際に，教員が多いという性質などを挙げれば十分であり，「A大学に価値がある」と付け加える必要はない．［転嫁説］でも価値自体は理由を与えない．第三に，価値づけが多様になされることである．たとえば，大学が持つ価値は在学するという仕方で尊重され，本が持つ価値は保存するという仕方で尊重される．［転嫁説］では，対象の性質が多様な理由を提供し多様に価値づけられうる[3]．

　本稿は［転嫁説］のなかでも特に，意図するための理由を使って行為の価値を分析するものを取り上げる．

　　　［転嫁説'］ある行為をすることに価値があるのは，その行為をすることが次のような性質を持っているときかつそのときにかぎる．その性質とは，ある行為者がその行為をすることを意図するための理由を与えるような性質である[4]．

［転嫁説'］は，行為の哲学が主題的に論じてきた意図や行為や理由に関わっている．そのため，［転嫁説'］について考察する際には，行為の哲学の洞察を援用できる．

　ところが［転嫁説'］に対する反例として「毒パズル（the toxin puzzle)[5]」が知られている[6]．毒パズルでは，行為者が実際に毒を飲まなくても，毒を飲むことを意図するだけで，大富豪が100万ドルを払うと取り決められている[7]．この取り決めは，毒を飲むことを意図するための理由を与えるが，毒パズルにおいて毒を飲むことには依然として価値がないように思われる．な

ぜなら，毒を飲むと一日苦しむことになり[8]，かつ，毒を実際に飲まなくても意図するだけで100万ドルが手に入るからである．

　毒パズルにとって本質的なのは，取り決め内容に「意図する」が含まれていることである．仮に，毒を実際に飲めば100万ドルを払うという取り決めに変更したとしたら，毒パズルは成立しなくなる．なぜなら，毒パズルを考案したG・カフカが想定する行為者は，100万ドルを獲得できるなら一日苦しんでも構わないと思っている[9]からである．そして，毒パズルのパズルたるゆえんは，100万ドルを獲得できるなら毒を飲んでも構わないと思っている行為者でも毒を飲むことを意図できない点にある．実際にすることはないだろうと思っている行為を意図することは困難である．カフカの想定する行為者は自分が実際に毒を飲むことはないだろうと思うはずである．その理由を考える際に鍵となるのが，もし毒を実際に飲むとしても，100万ドルを獲得したあとだということである．カフカの想定する行為者は，意図したあとに100万ドルを獲得してから，わざわざ毒を飲むことはないし，そのことに気づいてもいる．よって，この行為者は，自分が毒を飲むことはないだろうと思っているので，毒を飲むことを意図できない．

　［転嫁説’］の支持者は，毒パズルという反例にどのように対処するだろうか．すぐに思いつく対処法は，毒を飲むことを意図するための理由を「間違った種類の理由（the wrong kind of reason）」として例外的に扱うというものだろう．

　　［転嫁説’］* ある行為をすることに価値があるのは，その行為をすることが次のような性質を持っているときかつそのときにかぎる．その性質とは，ある行為者がその行為をすることを意図するための理由（ただし，間違った種類の理由を除く）を与えるような性質である．

［転嫁説’］* の課題は，間違った種類の理由をどのように定義するかということである．間違った種類の理由を「行為をすることを価値あるものにしない性質によって与えられた理由」と定義することはできない．そのように定義してしまうと，［転嫁説’］* の左辺と右辺の両方に「価値」という語が含まれ，循環するからである．

　価値概念を使わずに，間違った種類の理由を定義することは可能だろうか．たとえば，間違った種類の理由を，意図された行為の性質以外によって与えられた理由と定義できるだろう[10]．そのように定義すれば，毒を飲むことを意図するための理由を，間違った種類の理由として処理できるかもしれ

ない．なぜなら，毒を飲むことを意図するための理由は，毒を飲むという行為の性質ではなく，意図するだけで100万ドルがもらえるという取り決めによって与えられているように思われるからである．

しかし，毒を飲むことを意図するための理由は，毒を飲むという行為の性質によって本当に与えられていないのだろうか．その理由を与えているのは，毒を飲む行為が持つ，それを意図すれば100万ドルがもらえるという性質かもしれない[11]．もしこのように考えることができるなら，間違った種類の理由も意図された行為の性質によって与えられていることになる．よって，間違った種類の理由を，意図された行為の性質以外によって与えられている理由と定義することはできない．

価値概念を使わずに間違った種類の理由を定義する様々な方法がこれまで提案されてきた[12]．しかし，それらの方法は，一部の事例にしか当てはまらないか，ひそかに価値概念に依拠している[13]ため，広く支持されているものは存在しない．

ある行為をすることの価値を，その行為を意図するための理由を使って分析する［転嫁説’］は一見したところ有望に思えた．［転嫁説’］も，［転嫁説］と同様に，価値に関するひとつの見方を与える．しかし，［転嫁説’］は反例に対する有力な解決策を持たない．なぜなら，価値概念を使わずに間違った種類の理由を定義する有力な方法が存在しないからである．

毒パズルでは毒を飲むことを意図するための理由は存在するが毒を飲むことに価値はないという前提のもと，毒を飲むことを意図するための理由を例外的に扱おうとすれば失敗する．そこで，本稿は，そのような前提が本当に妥当かを問う[14]．そのように問うことで，理由があるとはどのようなことか，価値があるとはどのようなことか問うことにもなる．2節では，毒パズルにおいて，毒を飲むことを意図するための理由が行為者にとって存在するか問う．この問いに対して，私は，［強要件］が真であれば，毒パズルにおいてカフカが想定する行為者には毒を飲むことを意図するための理由は存在しないが，A・R・ミーリーが想定するテッドという行為者には毒を飲むことを意図するための理由が存在すると答える．そして，3節では，テッドは毒を飲むことに価値があると見なすか問う．この問いに対して，私は，［善の相］が真であれば，テッドは毒を飲むことに価値があると見なすと答える．以上から，私は，［強要件］と［善の相］が真であれば，毒パズルは［転嫁説’］に対する反例にはならないと結論する．

2　毒パズルにおいて，行為者が毒を飲むことを意図するための理由は存在するか

　毒パズルにおいてカフカが想定する行為者は毒を飲むことを意図するための理由を持っているだろうか．これを考えるために，理由に関する二つのテーゼに注目しよう．

　第一のテーゼを本稿は「行為可能性強要件 (the strong relationship between normative and motivating reasons)」と呼ぶ．

> [強要件] もしある行為者がある行為をするための理由を持っているならば，その行為者はその理由のためにその行為をすることが可能でなければならない[15].

R・ローランドによれば，[強要件] は，たとえば，理性のない動物が理由を持たないことを説明する．理性のない動物は理由に応答できないので，[強要件] に従えば，理由を持たないことになる[16]．

　第二のテーゼを「行為可能性弱要件 (the weak relationship between normative and motivating reasons)」と呼ぶ．

> [弱要件] もしある行為者がある行為をするための理由を持っているならば，誰かはその理由のためにその行為をすることが可能でなければならない[17].

[弱要件] はどのような直観に基づいているだろうか．その直観のひとつとして，ローランドは，理由は行為を導くという直観を挙げる[18]．[弱要件] が成り立っていないなら，つまり，ある行為者が理由を持っているにもかかわらず誰もその理由のために行為できないことがあるならば，理由が行為を導かないことがありえてしまう．

　本稿は，[強要件] を採用する．なぜなら，[弱要件] を採用した場合，[弱要件] に含まれている「誰か」の範囲を定めるという困難な課題に取り組まなければならないからである．

　カフカが想定する行為者は，毒を飲むという意図を，100万ドルを獲得するという理由のために形成することができないのだった．そのような行為者に [強要件] の対偶を適用すると[19]，毒を飲むことを意図するための理由を持っていないことになる．よって，もし [強要件] が成り立っていれば，カ

フカが想定する行為者には毒を飲むことを意図するための理由がそもそも存在しないので，［転嫁説’］に対する反例にはならない．

　ところで，毒パズルのような状況において，100万ドルを獲得するという理由のために，毒を飲むことを意図できる行為者は一人もいないのだろうか．ミーリーが想定するテッドならば，100万ドルを獲得するという理由のために，毒を飲むことを意図できるかもしれない．テッドは毒が近くにあると必ず飲んでしまう風変わりな人物である[20]．ここでポイントになるのは，多くの場合，ある行為を意図するためには，自分がその行為を意図的にするだろうと思うことが必要だということである．毒パズルにおいてテッドには，毒をいつものように非意図的に飲むという選択肢と，毒を意図的に飲むという選択肢がある[21]．毒を飲むことを意図することは，毒を意図的に飲むという選択肢を選ぶことである[22]．毒を飲むことを意図すれば100万ドルを獲得できるので，テッドには毒を飲むことを意図するための理由が，つまり，毒を意図的に飲むという選択肢を選ぶための理由がある．ところで，テッドには毒を飲むための理由はないが，毒を飲む意図を放棄するための理由もない．よって，もしテッドが毒を飲む意図を形成すれば，その意図を放棄せず，毒を意図的に飲むだろう[23]．以上から，100万ドルを獲得するという理由のためにテッドは毒を飲むことを意図できるとミーリーは結論する[24]．

　［転嫁説’］に対する反例とは，ある行為を意図するための理由が存在しているにもかかわらず，その行為に価値がない事例である．たとえ［強要件］が成り立っていたとしても，ミーリーの結論が正しければ，テッドには毒を飲むことを意図するための理由が存在する．なぜなら，ミーリーによれば，100万ドルを獲得するという理由のためにテッドは毒を飲むことを意図できるからである．それに加えて，もしテッドが毒を飲むことに価値があると見なせなければ，テッドは［転嫁説’］に対する反例になるかもしれない．テッドは毒を飲むことに価値があると見なせないのだろうか．

3　毒パズルにおいてテッドは毒を飲むことに価値があると見なせないか

　ここで「善の相（the guise of the good）テーゼ」について考えてみよう．

　　［善の相］もしある行為者がある行為をすることを意図するならば，その行為者はその行為をすることをよいことだと見なしている[25]．

　［善の相］はどのような直観に基づいているだろうか．ひとつには，ある行為をするよい理由が行為者にとってあることを示せば，行為者がその行為

を意図したことが理解可能になるという直観がある[26]．たとえば，講義中に私が何も言わずにいきなり教室を飛び出したとしよう．この行為だけを切り取ると理解不可能である．しかし，教室を飛び出すよい理由が私にとってあることを示せば，たとえば，急にトイレに行きたくなり我慢できなくなったことを示せば，教室を飛び出したことが理解可能になる．

　［善の相］に対する反例として以下のものが挙げられる．第一に，動物や幼児は行為を意図できるがよさを概念化しているようには思われない．第二に，大人でも衝動的に行為したり習慣的に行為したりするときは行為をよいことだと見なしているようには思われない．第三に，意図した行為を悪いことだと見なしているへそ曲がりの行為者が存在するように思われる．こうした反例に対して，［善の相］の支持者は様々な応答をしている[27]．

　テッドについて考えるために，［善の相］に含まれている三つの概念（意図，よい，見なす）を明確化しよう．第一の概念「意図」について，J・ラズは「独立した意図 (independent intentions)」と「埋め込まれた意図 (embedded intentions)」を区別する．独立した意図とは，行うことを意図した行為を行っていないときにも持つことのできる意図である．たとえば，論文を完成させるという意図を，食事等のあいだも持てるなら，その意図は独立した意図である．一方，埋め込まれた意図とは，すべての意図的行為に存在するような意図である[28]．そして，ラズは［善の相］における「意図」を独立した意図に限定する．なぜなら，ある行為者がある行為をするという埋め込まれた意図を持つ場合，その行為者がその行為をするための理由があると信じているとはかぎらないからである．具体例として，ラズは，考えているときに自分の髪を触る事例などを挙げている[29]．このような事例において，行為者は髪をぼんやりと触っていて，髪を触るための理由があると信じていないことがある．埋め込まれた意図は，理由のためになされたのではない行為を意図的にする．そして，独立した意図を持って意図的に行為しているときも，意図的行為には埋め込まれた意図が存在し，サブパーソナルなレベルで調整されている[30]．本稿も［善の相］における「意図」を独立した意図に限定する．

　第二の概念「よさ」について，オルシによれば，［善の相］における「よさ」は抽象的なものであり，そのなかにはより具体的な様々な評価概念（有益さ，好ましさ，道徳的正しさなど）が含まれている[31]．本稿も「よさ」の中身を特定の評価概念には限定しない．

　第三の概念「見なす」について，S・テネンバウムは「内容説 (the content version)」と「態度説 (the attitude version)」を区別する．内容説によれ

ば，［善の相］におけるよさは見なすという態度の内容である．そこで，内容説は，［善の相］における「見なす」を「思う」と解釈し，よさが思うという態度の内容であることを「行為者はその行為をすることをよいことだと思う」と表現する．一方，態度説によれば，よさは見なすという態度の性質である．そこで，態度説は，［善の相］における「見なす」を「見える」と解釈し，よさが見えるという態度の性質であることを「行為者にはその行為をすることがよいことに見える」と表現する．テネンバウムは，態度説の利点を四つ挙げている．たとえば，テネンバウムによれば，内容説よりも態度説を採用したほうが，行為者が評価的信念に逆らって行為するアクラシアの事例などを説明するのが簡単である[32]．そうした四つの点は，態度説を決定的に支持しているわけではない．四つの点以外で，態度説には致命的な欠陥があるかもしれない．あるいは，態度説だけでなく内容説も四つの点を説明できるかもしれない．しかし，本稿は態度説を採用する．なぜなら，態度説を採用すれば，内容説を採用したときよりも説明すべきことが少なくなるからである．たとえば，態度説を採用すると，評価的信念に背いて行為する行為者にその行為がよいものに見えてさえいれば，アクラシアは［善の相］に対する反例ではなくなる．

　明確化された［善の相］を踏まえて，改めてテッドについて考えよう．ミーリーによれば，テッドは毒が近くにあると必ず飲んでしまうので，毒パズルにおいて100万ドルを獲得するという理由のために毒を飲むことを意図できるのだった．そして，テッドが毒を飲むことに価値があると見なせるかを我々は問題にしていた．なぜなら，もし毒を飲むことを意図するための理由がテッドにあるにもかかわらず，毒を飲むことに価値があるとテッドが見なせなければ，テッドは［転嫁説’］に対する反例になるからである．しかし，もし［善の相］をテッドに適用できれば，テッドは毒を飲むことを意図するとき，毒を飲むことに価値があると見なしていることになる．つまり，テッドは［転嫁説’］に対する反例ではないことになる．

　［善の相］をテッドに適用できるだろうか．明確化した［善の相］の三つの概念に沿って考えていこう．第一に，本稿は［善の相］における「意図」を独立した意図に限定していたが，毒を飲むというテッドの意図は独立した意図である．なぜなら，テッドは100万ドルを獲得するという理由のために，毒を飲むことを意図しているので，毒を飲むまでのあいだ，その意図を持ち続けることができるだろうからである．第二に，本稿は［善の相］における「よさ」の中身を特定の概念に限定せず抽象的な評価概念だとした．そして，［転嫁説’］における「価値」も抽象的な評価概念である．よって，本稿は

［善の相］における「よさ」と［転嫁説’］における「価値」を置換可能なものとして扱う．第三に，本稿は［善の相］における「見なす」について態度説をとった．それゆえ，テッドが毒を飲むことを意図するために必要なのは，テッドが毒を飲むことに価値があると思うことではなく，毒を飲むことに価値があるようにテッドに見えることにすぎない．以上から，［善の相］をテッドに適用できるので，テッドは毒を飲むことを意図するとき，毒を飲むことに価値があると見なしていることになる．したがって，［善の相］が成り立っていれば，テッドも［転嫁説’］の反例にはならない．

4 結論

以上から，［転嫁説’］の反例だと言われている毒パズルは，［強要件］と［善の相］が真であれば，［転嫁説’］に対する反例ではないと結論する．

本稿の流れを振り返ろう．価値に対する見方のひとつである［転嫁説’］は毒パズルという反例に対して有力な解決策を持たない．そこで，本稿は，そもそも毒パズルが反例になっているか検討した．毒パズルが反例になるのは，毒を飲むことを意図するための理由が行為者に存在するにもかかわらず，毒を飲むことに価値があると行為者が見なせないときだと本稿は定めた．2節では，毒を飲むことを意図するための理由が行為者に存在するか検討した．そして，もし［強要件］が真であれば，カフカが想定する行為者には毒を飲むことを意図するための理由は存在しないが，ミーリーが想定するテッドには毒を飲むことを意図するための理由が存在すると結論した．3節では，毒を飲むことに価値があるとテッドが見なせないか検討した．そして，もし［善の相］が真であれば，毒を飲むことに価値があるようにテッドには見えると結論した．

本稿では［強要件］や［善の相］を擁護せず前提にしている．そのため，毒パズルは［転嫁説’］の反例にならないという本稿の結論には「［強要件］と［善の相］が真であれば」というただし書きがつく．したがって，本稿の結論は限定的なものにすぎない．しかし，本稿は，これまで独立に論じられてきた［強要件］と［善の相］を組み合わせれば，［転嫁説’］に対する反例である間違った種類の理由が少なくとも毒パズルでは生じないだろうということを示した．裏を返せば，間違った種類の理由を使って［転嫁説’］に反対する人々は，理由や価値に関して本稿とは異なる見方をとっていることになる．よって，間違った種類の理由や［転嫁説’］について論じる際には，それぞれの論者が理由や価値に関してどのような見方をとっているかを明らかにする必要がある[33]．

注

1. ここでの「理由」とは，ある肯定的態度をとることを支持し正当化する規範理由である．ある肯定的態度をとるように行為者を実際に動機づける動機理由とは区別される．
2. Scanlon (1998), p.96や佐藤 (2017), p.148などを参照されたい．ただし，T・M・スキャンロン自身は［転嫁説］が双条件だとは考えていないかもしれない（岡本 2018, p.89, 注16）．
3. 岡本 (2018), pp.53-56.
4. Gertken & Kieswetter (2017), p.6やWay (2012), pp.491fなどを参照されたい．
5. Kavka (1983).
6. Gertken & Kieswetter (2017), pp.4f.
7. Kavka (1983), pp.33f.
8. Kavka (1983), p.33.
9. Kavka (1983), p.34.
10. Gertken & Kieswetter (2017), p.4.
11. Rabinowics & Rønnow-Ramussen (2004), p.406を参照されたい．
12. Gertken & Kieswetter (2017), pp.3fにおいて主要な方法がまとめられている．
13. Gertken & Kieswetter (2017), p.4.
14. Rowland (2015) やWay (2012) などは，［転嫁説］に対する反例である間違った種類の理由がそもそも存在するか問うている．
15. Rowland (2015), p.1463. Williams (1989), p.39なども参照されたい．
16. Rowland (2015), p.1464.
17. Rowland (2015), p.1463. Raz (2011), p.27なども参照されたい．
18. Rowland (2015), p.1464.
19. 理由のために行為できるかを問題にする［強要件］を，理由のために意図できるかが問題になる毒パズルに適用できるだろうか．私は適用できると考える．なぜなら，私は，意図を意図的に形成することがあると，つまり，意図の形成が行為に準ずることがあると考えているからである．J・シェパードによれば，意図を意図的に形成することがあるという私の考えを行為の哲学者の多くも支持している（Shepherd 2018, p.322）．
20. Mele (1992), p.172; p.175.
21. Mele (1992), p.180.
22. Mele (1992), pp.183f.
23. Mele (1992), pp.178f.
24. Mele (1992), pp.183f.
25. Tenenbaum (forthcoming) を参照されたい．
26. Orsi (2015), p.716. ただし，F・オルシは意図ではなく，意図的行為について論じている．

27. Orsi (2015), pp.719-721.
28. Raz (2008), pp.9f.
29. Raz (2008), pp.10-16.
30. Raz (2008), p.10.
31. Orsi (2015), p.715.
32. Tenenbaum (forthcoming).
33. 本稿の内容は日本科学哲学会第51回大会で行った発表に基づいている．本稿を執筆するにあたって，岡本慎平氏，鈴木雄大氏，渡辺一暁氏，Istvan Zoltan Zardai氏，アプリオリ研究会の方々，柏端ゼミの方々，鴨川メタ倫理学読書会の方々，査読者の方々から有益なコメントを頂いた．なお，本研究はJSPS科研費JP19J13593の助成を受けたものである．

参考文献

岡本慎平 (2018)，「T. M. スキャンロンと価値の責任転嫁説明—「理由への転回」の里程標—」，『フィルカル』Vol.3 No.1, 42-80.
佐藤岳詩 (2017)，『メタ倫理学入門—道徳のそもそもを考える』，勁草書房.
Gertken, J. & Kieswetter, B. (2017), "The right and the wrong kind of reasons," *Philosophy Compass* **12**, e12412.
Kavka, G. S. (1983), "The toxin puzzle," *Analysis* **43**, 33-36.
Mele, A. R. (1992), "Intentions, reasons, and beliefs: morals of the toxin puzzle," *Philosophical Studies* **68**, 171-194.
Orsi, F. (2015), "The guise of the good," *Philosophy Compass* **10**, 714-724.
Rabinowicz, W. & Rønnow-Ramussen, T. (2004), "The strike of the demon: on fitting pro-attitudes and value," *Ethics* **114**, 391-423.
Raz, J. (2008), "On the guise of the good," *Oxford Legal Research Paper Series* **43**, 1-34.
———. (2011), *From Normativity to Responsibility*, Oxford University Press.
Rowland, R. (2015), "Dissolving the wrong kind of reason problem," *Philosophical Studies* **172**, 1455-1474.
Scanlon, T. M. (1998), *What We Owe to Each Other*, Harvard University Press.
Shepherd, J. (2018), "Intending, believing, and supposing at will," *Ratio* **31**, 321-330.
Tenenbaum, S. (forthcoming), "The guise of the good," in Chang, R. & Sylvan, K. (eds.), *Routledge Handbook of Practical Reasons*, Routledge.
Way, J. (2012), "Transmission and the wrong kind of reason," *Ethics* **122**, 489-515.
Williams, B. (1989), "Internal reasons and the obscurity of blame," reprinted in (1995), *Making Sense of Humanity and Other Philosophical Papers 1982-1993*, Cambridge University Press, 35-45.

（慶應義塾大学・日本学術振興会特別研究員DC）

科学哲学 53-1 (2020)

自由応募論文

治療的哲学から考察される
ヴィトゲンシュタインの規則に従うこと

林　晃紀

Abstract

When we read Wittgenstein's *Philosophical Investigations*, we often feel baffled because it is difficult to draw out a systematic theory from the text. Given this exegetical problem, it is often said that Wittgenstein never intends to propound any theory; rather his aim of philosophy is *therapeutic*.

The problem of rule-following has been most often argued among the topics in the *Investigations*. Most of approaches to the problem, however, are not therapeutic but constructive. The purpose of this paper is to examine the problem of rule-following from a perspective of therapeutic philosophy.

1. 治療的哲学と規則の問題

『哲学的探究』(以下『探究』)を中心とする後期ヴィトゲンシュタインの哲学は，しばしば「治療的」であると特徴づけられる[1]．彼の意図は，哲学的問題に対して，体系的理論を構築することによって解決を目指すものではなく，その問題が実際には問題とする必要のない疑似問題であると示すことで，問題自体の解消や消滅をねらっているものだとする．治療的哲学が目指すものは，哲学とは本来，問題とする必要のない事柄を問題としてきたことを示すことである．治療的に解釈するなら，ヴィトゲンシュタインの哲学は，いわば，われわれが罹患している哲学という病を治療しようとしていると解釈される．

治療的哲学とは，決して自分が妥当であると考える理論を展開することを意図するものではない．もしヴィトゲンシュタインが自分の反対する理論を反駁し，その代わり自分が妥当であると考える理論を主張するなら，彼の哲

2018年6月29日投稿，2019年6月6日再投稿，2020年7月21日再々投稿，
2020年8月5日審査終了

学を治療的であると特徴づけることは適当ではないだろう．なぜなら，そのような手法は，学術的哲学において一般的なものであり，それを取り立てて治療的であると特徴づける実質が失われるからである．したがって，もし彼の哲学を治療的であると特徴づけるなら，同時に，彼に理論的，体系的主張を帰属させることを一切止めなくてはならない[2]．

　後期ヴィトゲンシュタイン哲学の中で，規則に関する問題は，これまで最も盛んに議論されてきた．とりわけ，クリプキ以降，様々な形で議論され，様々な見解が提出されてきた[3]．しかしながら，規則の問題に関する解釈の多くは，ヴィトゲンシュタインの哲学が，治療的であるという前提を考慮せずに主張されている．もしヴィトゲンシュタインの哲学が治療的であると本気で主張するなら，規則の問題に関しても，彼が何ら構築的主張（純粋に論証的 (discursive) で合理的な議論を通じて理論の妥当性を主張すること[4]）を行っていないことに同意しなくては，『探究』の解釈の全体について，整合的に理解することができない．

　本稿の目的は，ヴィトゲンシュタインの規則の問題を治療的哲学の観点から考察を試みるものである．ヴィトゲンシュタインは，理論や主義を提出しようと試みているのではないという見解に即して，規則の問題を考察するつもりである．

2. 論証的議論の限界としての規則

　ヴィトゲンシュタインは，規則に従うことに関して，次のように言う．

　　規則に従うことは，われわれの言語ゲームにとって根本 (FUNDAMENTAL) である．それは，われわれが記述と呼ぶものを特徴づける．(RFM VI 28)[5]

ヴィトゲンシュタインのこの主張は，規則に関連する問題を治療的哲学の枠組みで考えるとき，最も重要視するべきものである．ここでヴィトゲンシュタインは，「根本である」ということを斜字体以上の大文字を使って，最大級に強調している．彼は，規則に従うことを，非常に強い意味で根本的なことであると考えている．

　まず，ヴィトゲンシュタインが，規則に従うことが「根本」であると主張することで，何を主張しようとしているのか検討する際に，「根本」と関連するいくつかの概念に関して，彼がどのように論じているか考察することが役に立つ．例えば，ヴィトゲンシュタインは，規則に関する「基盤」という概念を他の箇所で論じている．彼は，正当化の過程を考察するときに，「基

盤」という概念について，次のように述べている.

> もし正当化を尽くしてしまったのなら，私は確固たる基盤 (Begründung)
> に達しているのであり，私の鋤は反り返ってしまう．その時，私は「自
> 分はまさにこのように行動するのだ」と言いたくなる．(PI §217)

ここでヴィトゲンシュタインが考えている「基盤」とは，正当化の限界にあ
る何ものかである．彼は，規則の正当化の限界に存在するものを「基盤」と
呼び，「基盤」をさらに掘り下げて哲学的に考察することが不可能であると
考えている．つまり，ここで彼は，論証的議論の限界に位置しているものを
「基盤」と呼んでいる．「基盤」においては，なぜしかじかのように行動する
のかという論証を与えることができず，ただそう行動しているとしか言えな
いとヴィトゲンシュタインは考えている.
　また，ヴィトゲンシュタインは，規則に従うことに関する「根拠 (Grund)」
について，模様のパターンや数列を続けることを例に次のように述べている.

> 彼はどのようにして，自分で模様のパターンを続けてゆけるかを知り得
> るのか．—では，私はそれをどのようにして知っているのか．—もしこ
> のことが「私には根拠があるのであろうか」ということなら，答えは根
> 拠などすぐになくなってしまうであろう，ということになる．そして，
> そのような時でも，私は根拠なしに行為するのであろう．(PI §211)

> 私が恐れている誰かに数列を続けよと命令されるなら，私は迅速に，完
> 全な確信を持って行動するであろう．根拠がないことなど，私には気に
> ならない．(PI §212)

これらの箇所で，ヴィトゲンシュタインは，「根拠」が尽きてしまう状況や，
「根拠」が不要な状況を考察している．しかも，共通して言えることは，そ
のような状況でも，われわれは，何ら問題なく，通常の行為を続けることが
できるという考察，つまり，根拠がないことが，問題にならないという考察
をヴィトゲンシュタインが与えている点である[6]．彼にとって，規則に従う
ことに関しては，論証的議論によって与えられる「根拠」という考えが，何
ら有用な洞察を与えてくれるものではない．ヴィトゲンシュタインが，規則
に関する「根拠」についての洞察を否定的に語るとき，それは論証的議論に
よって示しうるものの限界を語っていると考えられる.

「根本」「基盤」「根拠」といった概念を明らかにすることは，われわれが哲学的問題を解決する上で，しばしば論証的議論の最終目標とされるものである．哲学における説得的な議論とは，こういった概念の内実を論証的議論を通じて明らかにすることを要求する．ヴィトゲンシュタインは，「根本」であることと関連する概念，つまり，哲学的考察の最終目標となり得るいずれの概念を論じているときも，論証的議論を展開する可能性の限界に突き当たっていると考えているのではないか．それゆえ，ヴィトゲンシュタインが，規則に従うことは「根本」であると主張する意図は，「規則」という概念が，それ以上の論証が不可能な領域—つまり，それ以上の正当化，基盤，根拠等を論証を通じて明らかにすることはできない領域—に属していることを意味するのではないか．

　次に同じ論点を別の角度から考察してみよう．ヴィトゲンシュタインは，規則に従うことに関して，「根本である」と主張すると同時に，「記述を特徴づける」と述べている．ヴィトゲンシュタインは，記述に関して次のように言っている．

> われわれは，どのような種類の理論も立ててはならない．われわれの考察においては，仮説のようなものが許されてはならない．あらゆる説明が捨てられ，記述だけがその代わりになされるのでなくてはならない．(PI §109)

> 哲学は，いかなる仕方にせよ，言語の実際の使用に抵触してはならない．それゆえ，哲学は，最終的には，言語の使用を記述できるだけである．なぜなら，哲学はそれを基礎づけることもできないのだから．
> それは，全てのものをありのままにしておく．(PI §124)

ヴィトゲンシュタインは，記述という方法論が使われなくてはならないのは，科学的，経験論的方法論とは対照的に，一切の理論化や説明が，役に立たないものとして拒否されるような段階においであると考えている．さらに，ヴィトゲンシュタインによれば，記述という方法論は，われわれの「実際の言語使用」をありのままに示すだけであり，何ら基礎づけを行うためのものではない．しかし，ヴィトゲンシュタインにとって「言語の実際の使用」とは，実際の会話集等から収集された言語使用のデータを意味しているわけではない[7]．当然，科学的方法論としてのデータ収集と彼の記述という方法論は，全く異なるものである．科学において典型的にみられるような

「理論」「仮説」「説明」の必要性が，哲学においては，記述という方法論によって取って変えられているのである．

　さらに，ヴィトゲンシュタインは，規則に関して論じている文脈で「われわれの病気は，説明したがることがその一つである．」(RFM VI 31) と述べている．また，彼は哲学とは，何事かを「説明」するものではないと強調している (PI§126)．彼は，科学的理論との対比という意味での「説明」だけでなく，説明一般を哲学的方法論として採用することを疑問視し，さらには，哲学的考察における説明への欲求自体を問題視している．通常哲学において，何らかを説明することは，重要な活動の一つである．にもかかわらず，ヴィトゲンシュタインは，説明をやめること—説明への欲求を捨て去ること—を勧めている．もし彼が説明一般を哲学の方法論として拒否しているなら，当然，科学に即した理論形式だけでなく，論証的議論によって，その地位の妥当性が示される哲学における理論一般も同様に拒否していると考えられる[8]．

　これらの記述と理論や説明に関するヴィトゲンシュタインの主張から，次のことが言える．記述という方法論が必要なのは，それ以上論証不可能で理論を立てることのできない限界に突き当たっているときである．われわれは，そのような段階においては，実際の言語の使用をありのままに記述すること以外何もできないにもかかわらず，論証的議論を求めてしまうことこそが問題なのである．あらゆる説明が，いわば「病気」として問題視されるような段階では，あらゆる理論も当然拒否されるべきである．にもかかわらず，われわれの説明への欲求が，新たな理論を要求し，さらにその理論が，関連した新たな哲学的問題を引き起こしてしまう．

　したがって，ヴィトゲンシュタインの「規則に従うことは，根本である」という主張を額面通り受け取るなら，「規則に従うこと」とは，哲学における論証的議論が最終的にたどり着く限界を意味している．規則に従うことは，それ以上の論証—例えば，正当化，根拠づけ，説明等—が不可能な領域であるがゆえに，一切の理論をそこに帰属させることができない領域であると考えられる．つまり，規則という概念は，その実質を説明することができず，様々な特徴を否定的に示すことによって輪郭付けすることだけが可能な合理性の限界，つまり，哲学的論証における限界概念である．

3. 盲目性，行為の第一性から自覚へ

　ヴィトゲンシュタインは，規則の問題に関する論証的議論の限界を主張することで，一体何を意図していたのだろうか．彼は，哲学における限界概念

を示すことで，一体，何を課題として引き受けなくてはならないと考えたのだろうか．さらには，なぜ「規則に従う」ことが哲学的論証の限界であると言えるのか，あるいは，「規則に従う」ことは，本当にそれ以上論証することが不可能な「根本」であるのだろうか．ヴィトゲンシュタインによれば，

> 規則に従っているとき，私は選択をしない．私は，規則に盲目的に従っているのだ．(PI §219)

ヴィトゲンシュタインは，規則に従うことが，最終的にただしかじかの仕方で行為しているのみだということを強調するために，われわれは，規則に「盲目的」に従っていると主張する．彼は，規則に従うことは，「盲目的」であり，「根拠のない」(PI §211) ことであると考えている．「盲目的」に規則に従うことは，決してある行為の仕方が，偶然に規則と一致しているという事態を意味しない．なぜなら，偶然の一致は，規則に従っているとは言えないからである．あるいは，「盲目的」とは，自分勝手に規則に従っていると思い込んでいることでもない．ヴィトゲンシュタインは，規則に従っていることと，規則に従っていると思っていることは，全く異なっていることであると言う (PI §202)．

「盲目的」であるということを，どのように理解すべきであろうか．それは正当化ができないという意味で理解すべきなのだろうか．もしそうならば，ヴィトゲンシュタインは正当化について何を語っているだろうか．彼は語を使い方の正当化に関して，次のように言う．

> 語を正当化なしに使うことは，それを不当に使うことではない．(PI §289, c.f., RFM VII 40)[9]

語を使うことは，もちろん何らかの規則に従って行われることである．ヴィトゲンシュタインにとって，規則に従うことが，正当化なしに行われたとしても，それは直ちに誤りであるとか，不当であるとか言えないものである．つまり，ヴィトゲンシュタインにとって，規則に従うことは，正当化をすることが不必要であるという意味で，「盲目的」であり，「根拠のない」ものである．さらに別の箇所で，言語ゲームにおける色を表す語の使い方の正当化に関して，彼は次のように言う．

> なるほど，私はそう言いました；そして，そのことを正当化することは

　できません．そして，それが，全ての人が，疑問を持つことなく同意を
するという他の言語ゲームと同様に，この言語ゲームの特徴なのです．
（RFM VII 40）

ヴィトゲンシュタインが注目しているのは，われわれは正当化することがで
きなくても，語を正しく使うこと—つまり，規則に従うこと—に疑問を持つ
ことなく同意していることである．「盲目的」に規則に従うとは，論証的議
論なしに同意している状態である．
　しかしながら，規則に正しく従った場合と，そうでない場合が明らかに存
在する．規則に従うことに関する盲目性は，規則に誤って従うことに関し
て，何ら有効な主張となり得ない．規則に従うことに関する，この「根拠の
なさ」をどのように理解したらよいだろうか．まず注目すべきは，ヴィトゲ
ンシュタインが，行為の第一性を強調している点である．

　　われわれは，話し，行為する．これが，私が言っていることの全てにお
　　いて，すでに前提とされていることである．（RFM VI 17）

ヴィトゲンシュタインは，あらゆる考察の前提，つまり，あらゆる哲学的論
証に先行する前提として，われわれが，話し，行為することができる存在者
であることを認めなくてはならない，と考えている．どのように話すことが
なぜ正しいのか，あるいは，どのように行為することがなぜ正しいのか，と
いうことを問題とする以前に，全ての論証の前提として，われわれがすでに
話し，行為することができることに，注目することが必要である．つまり，
ヴィトゲンシュタインの見解は，正しく話し，正しく行為することができる
—つまり，正しく規則に従っていること—かどうかということは，われわれ
が，実際にすでに話し，行為することができることを前提としているという
ものである．規則に従うことの前提は，正当化や根拠づけといった論証的議
論以前に，われわれが，すでに規則に従って生きているということである．
それゆえ，ヴィトゲンシュタインは，次のように言う．

　　「規則に従うこと」が何を意味しているか理解したいなら，すでに規則
　　に従うことができなくてはならない．（RFM VII 39）

　しかしながら，われわれは，ヴィトゲンシュタインの規則に関するこうい
た主張を頼りなく感じるであろう．あるいは，論証自体が循環していると感

じるであろう．われわれは規則に関して，再び根拠のなさに放り投げられて
しまっているような印象を持つかもしれない．われわれは，規則に従うこと
に関して，「しかじかの仕方が正しい」と自信をもって，その確実性を示し
たいと思うものである．しかしながら，ヴィトゲンシュタインは，確実性に
ついて論じている文脈で，自信と正当化の関係について，次のように言う．

> われわれの自信は，正当化されるだろうか．—正当化として受け入れら
> れていることは，人々がどのように考え，どのように生きているかを示
> す．(PI §325)

彼は，正当化としての受け入れ可能性が，われわれの考え方，生き方と密接
に関係していると考えている．規則に従うことは，正当化，根拠づけ，説明
等の哲学的論証の限界であると同時に，われわれの考え方や生き方を見れ
ば，正当化として受け入れられているものがどのようなものか理解できる．
つまり，ヴィトゲンシュタインは，論証的議論が，規則に従うことに確固た
る自信を与えるのではなく，われわれが，すでに実際に行為し，生きている
ことと正当化のあり方が不可分に結びついていると考えている．正当化と
は，何か最終的な根拠を与えるものではなく，正当化のあり方自体が，われ
われの考え方や生き方の内に示されている．
　しかしながら，このような議論は，われわれの行為の仕方や生き方が規則
に従うことに関する，最終的な根拠や正当化を与えるという論証であると理
解すべきではない．なぜなら，もしわれわれの考え方や生き方が，規則に従
うことの最終的な根拠や正当化なら，規則に従うことは，「盲目的」なこと
でも「根拠のない」ことでもなくなってしまう．われわれが，今まで考えて
きたこととは別の仕方で根拠づけ，正当化されているにすぎないことを主張
していることになる[10]．重要なことは，規則に従うことに関する正しい根拠
や正当化の方法を示すことをヴィトゲンシュタインが意図していない点であ
る．ヴィトゲンシュタインは，規則の基礎づけとしての行為や生き方に関す
る理論を提示する意図を持っていたわけではない．なぜなら，実際にヴィト
ゲンシュタインの主張の中に，論証的議論によって構築される行為の理論ら
しきものは，テキスト上どこにも見つからない．したがって，「話す」「行為
する」が，全ての議論の前提となっているということは，究極の根拠や正当
化が，そこに存していると主張することではない．
　むしろ，彼が目指したものは，われわれが，何に対して自信を持つのか，
あるいは，何に対して信頼を置いてしまっているのか，ということについて

自覚を促すことであると考えるべきである．どのように言語を使い，どのように行為をするべきなのかは，すでにわれわれが，根拠も正当化もなしに，つまり，合理的理由なしに受け取ってしまっていることに基づくのである．われわれは，その受け取ってしまっているものに対して，実際には，無自覚に自信と信頼を置いてしまっているのである．規則に関する議論において，ヴィトゲンシュタインが行為の第一性を強調する意図は，われわれに再度，自分が何を当然のこととして受け取ってしまっているかということに向き合わせ，自覚を促すことである．行為の第一性を主張することは，理論を展開することを意図したのではなく，こういった自覚へのきっかけを与えるためのものであると考えられる[11]．

　では，なぜヴィトゲンシュタインが，規則に関して，われわれに自覚を促そうと意図していると言えるのだろうか．それは，彼が自らの哲学の方法論一般について論じるとき，自覚の問題こそが，われわれが超えるべき問題であると考えているからである．例えば，彼は自らの哲学的方法論を語るとき，哲学は説明も演繹も必要なく，全てをわれわれの眼前に示すに過ぎないと言ったり（PI §126），問題が目の前にある事実を誤解していることによると言ったり（RFM VI 38），最も明白なものを理解することが最も困難であると言ったり（BT p.300），哲学者の仕事は，覚書を集めることや，思い出すことであると言ったりする（PI §127, BT p.309）[12]．いずれも，眼前に当然のごとく横たわるもの，明白なもの，説明の必要のないものに気づき，受け入れることに失敗している自己のあり方を問うことを目的として述べられている．自覚の問題の重要性は，眼前のものに気づくことができない，われわれのあり方を表現する次の言葉に最も端的に示される．

　　われわれにとって最も重要な物事の側面は，その単純さと平凡さゆえ隠
　　されている．（ひとは，そのことに気づかない―なぜなら，それがいつ
　　も眼前にあるからである）．（PI §129）

　自覚に関するヴィトゲンシュタインの方法論的特徴は，他の様々な哲学的問題においても共通して現れる．例えば，文がどのように物事を表象するかという問題に関して，彼は，われわれが，実際には何も隠されていないにもかかわらず，それを見ることができないと言ったり（PI §435），言語ゲームについて考察するとき，思考することよりは，よく見ることの重要性を強調したりする（PI §66）．ヴィトゲンシュタインにとって，哲学的問題の困難は，科学とは異なり，理論構築のために必要な知性に存するのではなく，見

るべきものを見られるようになるために必要な態度の変更に存するのである（BT p.300ff）．様々な哲学的問題に対して，ヴィトゲンシュタインの治療が共通して目指すものは，眼前にあるものを見ることができない自己のあり方への自覚と，それに伴う態度の変更である．それゆえ，規則の問題に関しても，彼が同様の方法論を用いていると考えるべきである．

　ここで「記述」という方法論を自覚という観点から理解しなおすことは重要である．もし記述が「言語使用を基礎づけることもできず」，「全てのものをあるがままにしておく」だけなら，そのような方法論にどのような効用があるのであろうか．ヴィトゲンシュタインにとって，最も困難なことは，眼前にあるものをそのままに気づくことであった．記述は，そのようなことに気づけないわれわれ自身に自覚を促すことを目的としている．なぜなら，自らの言語使用に関する記述を突き付けられることがきっかけで，われわれは，眼前にある今まで気づけなかったものを自覚的にとらえることができるようになるからである．ありのままの記述を示すことは，自分自身が実際にどのように言語を使っているのかということに関する自覚を促す契機となる．そして，その自覚とは，言語がどのように自分自身において機能しているかということに関する自覚である．哲学的問題の原因は，眼前の当然のことに気づけない自分自身なのである．自覚とは，自己に関する当然のことに気づくことであるから，哲学とは，新しい発見でも発明でもないのである（PI §126）．

　さらに，問題が自覚に関することであるがゆえに，その解消は，決して一般論として成立したり，理論的主張として展開できたりするものではない．自覚とは，精緻な理論や単なる知識量の増加によってもたらせるのではなく，自分自身に関する全く異質な存在様態に目覚めることによってもたらされるからである[13]．自覚をするには，これまでの自己のあり方が，音を立てて破れるいわばゲシュタルト的経験をすることが必要である．「私」が何事かに気づくかどうか—つまり，自覚すること—は，「私」個人のみに属する問題であり，個人的問題は，体系的，理論的問題の範疇の外部にある[14]．それゆえ，哲学の問題とは，最終的に「私」の問題であると気づくことである[15]．

　治療による哲学的問題の解消は，個人的領域から完全に独立したものにはなり得ないゆえに，哲学的問題は理論構築によって，一般的に解決されるのではなく，自己の自己に対する研鑽がもたらす「私」自身の自覚によって，われわれ個々人の内に—つまり，「私」自身にとって—解消されるものである．自覚とは，何らかを契機として，自ら自己に働きかけることで初めて成立する．つまり，ヴィトゲンシュタインの治療の対象とは，『探究』の読者

であるわれわれ一人一人なのである[16]．彼にとって，哲学とは，知の営為としてだけでなく，自己と向き合うという実践的な行として存立しているのである．自己のあり方—「私」のあり方—を知っていることは，決して自明なことではなく，方法論の実践を通じて初めて明らかにされるものである．ヴィトゲンシュタインが教えてくれることは，われわれは，方法論なしに自己を知ることができない存在者であるということである．それゆえ，彼は言う．

　　哲学の課題とは，…まさに，自己に対する課題である．（CV p.16）
　　哲学者とは，常識の観念に到達する前に，自分自身の中の多くの知性に関する病を治療しなければならない人である．（CV p.44）［筆者強調］

4. 懐疑論と自覚

　しかし，問題が自覚に関することであったとしても，規則に従うことを十分に論じるためには，盲目的な自信と信頼を徹底的に検証することが必要であると考えられる．検証されていない自信や信頼を知的考察の対象にするためには，規則に従うことに関して「疑う」こと—懐疑—と徹底して向き合わなくてはならない．規則に関する「疑う」ことについて，ヴィトゲンシュタインは言う．

　　「私は，どのように続けなくてはならないかを知っている」は，私はどのように続けなくてはならないか全く疑いがない，を意味する．（RFM VI 38）

規則に従うことに関して，われわれが何かを知っているという状態は，そのことに関して疑いがないこと，つまり，懐疑が生じないことを意味する，と彼は考えている．しかし，どのように規則に従えばよいか知っていることは，なぜそのことに対する疑いを払しょくしてしまうのだろうか．なぜそこには懐疑が入り込む余地がないのであろうか．
　まず，規則に従うことに関する懐疑を考える上で，ヴィトゲンシュタインが「疑う」こと—懐疑—を一般的にどのように考察していたかを見ることは，われわれに新たな洞察を与えてくれる．ヴィトゲンシュタインによれば，

　　…われわれが疑いを持つのは，疑いを持つことが想像できるからだ，と

言っているわけではない．誰かがいつも自分の家の戸を開ける前に疑いを持ち，戸の向こう側には奈落が口を開けているのではないかと疑い，戸を通り抜ける前にそのことを確かめようとしていることを，私は容易に想像できる（そして，時には彼が正しかったことが証明されることもあり得る）．—しかし，それにもかかわらず，私は同じような場合に，疑いを持つわけではない．（PI §84）

哲学の議論として，あらゆることに疑いを持つことは可能であるように思える．懐疑論とは，まさにそのような特徴を持っている．絶対的な確実性を求める過程において，あらゆることは疑いの対象となる可能性がある．ヴィトゲンシュタインは，哲学におけるそのような「可能性としての疑い」を不可能なものであると主張しているわけではない．そのような懐疑が正しい結論を導くことすらあると認めている．しかし，ヴィトゲンシュタインは，われわれが，実際には「可能性としての疑い」に完全に身をゆだねることがないと考えている．

　さらに，ヴィトゲンシュタインは，他者が本当に意識を持っているかということに関する懐疑論についても，次のように言う．

　　しかし，私は，自分の周りの人間がオートマトンであって，たとえ，その行動の仕方がいつもと同じであるとしても，意識は持っていないと想像することはできないだろうか．—もし私が今——人で自分の部屋にいて—そのように想像しているのであれば，私は人々が硬直した表情で（恍惚状態にあるかのように）自分たちの仕事をしているのを見ている—このような考えは，少し気味が悪いもの（unheimlich）である．［筆者強調］（PI §420）

哲学では，しばしば自分の周りの全ての人間は，実は本物の人間ではなくオートマトンであると想定する議論が登場する．われわれの知覚や知識の確実性について，あるいは，他人の意識や心について議論をする際に，このような過激な想定，懐疑論的考察を持ち出すことは珍しくない．哲学の議論上，このような想定は，誤っているわけでも不可能なわけでもない．しかし，ヴィトゲンシュタインは，このような想定に対して「気味が悪い」と言う．彼に「気味が悪い」と感じさせているものは何なのであろうか．

　オートマトンの想定を，哲学の議論上の懐疑としては可能である一方，実際に，われわれがそのような想定の下で生きているという実感を想像してみ

るならどのように感じるだろうか．自分自身—「私」—が生きている現実の世界を，そのような想定の下で受け止めてみると，どのように感じるだろうか．おそらく，多くの人は，ヴィトゲンシュタインに同意して「気味が悪い」と感じるのではないだろうか．多くの哲学者は，「想定してみよ」「想像してみよ」「仮定してみよ」等の表現を論証のために非常に安易に使う．しかしながら，こういった想定がもたらす事態を本当に自分自身が実際に生きている世界のあり方として想定している哲学者は少ない．例えば，自分の実際の生活で，周囲の人が本当はオートマトンであるとしたらなら，われわれは，もはや今までのような態度で，周囲の人間と関わることができなくなるのではないだろうか．あるいは，このような想定を実際に真剣に受け止めるなら，われわれは，絶望的な孤独感に苦しみ，神経症に陥ってしまうかも知れない．哲学者が議論のために用いる様々な安易な想定は，もしそれが現実のものとなるなら，それは異様な想定である．哲学において，われわれは，そのような異様さに対して，しばしば無自覚になってしまっている．

　それゆえ，ヴィトゲンシュタインは，『探究』第二部において再度展開されているオートマトンに関する懐疑論で，「彼はオートマトンではないと信じている」という命題がナンセンスであると主張する (PI part II iv)．もし特別な状況がないなら，自分の周囲の人間をオートマトンであるとみなして生きていることは，現実には不可能であり，そのような命題の真偽を問うことはナンセンスなのである．なぜなら，われわれ自身の周囲の人間に対する実際の態度は，そのような想定を現実のものとして許さないからである．もしわれわれが現実に周囲の人間をオートマトンであると考えているなら，われわれ人間の生き方の全体が，今とは全く別様であるであろう．したがって，ヴィトゲンシュタインは言う．

　　私の彼［オートマトンであるかもしれないとされる人］に対する態度は，魂に対する態度である．私は，彼が魂を持っているという意見を持っているのではない．(PI part II iv)

われわれは，他者に対して魂を持つものとして実際に接して，すでにそのような仕方で生きてしまっているのである．それは，われわれが様々な意見を持ち，それらを議論する以前に，自らの他者に対する態度の内に示されてしまっているものである．それゆえ，そのこと自体を懐疑の対象とすることは，自己の現実の存在様態を著しく破壊する論である．

　ここで重要なことは，われわれが，この「気味の悪さ」に対して無自覚な

ことである．ヴィトゲンシュタインは，われわれが，オートマトンの想定を
「気味が悪い」と感じてしまう存在者であることを自覚させようとしている．
われわれは，オートマトンの想定に対して，否応なく「気味が悪い」と感じ
てしまう存在者であるにもかかわらず，（とりわけ哲学的問題を考察してい
るとき）自分がそのような存在者であるということを自覚することに失敗し
ているのである．哲学的問題を必死に解決しようとするあまり，われわれ
は，問題を合理的可能性からのみ理解しようとしてしまう．その結果，われ
われの日常的感覚が鈍化してしまう．ヴィトゲンシュタインは，哲学におけ
る知的考察の過程で失われてしまった人間が本来持っている日常感覚を自覚
させるために，「気味が悪い」と言っている．ヴィトゲンシュタインの意図
は，懐疑論に対して解決を与えることではなく，懐疑論を通じて，われわれ
自身がどのような存在者であるのか，そして，われわれが，いかに現実の自
己の生き方に対して無知であるかということに関して自覚を促すことである．

　ヴィトゲンシュタインにとって，懐疑論は自分自身がすでに受け取ってし
まっているものの重要性を見失うこと，つまり，自分自身がどのような存在
者であるのかということを見失うことである．彼は，懐疑を通じて，見失っ
た自己の存在様態のあり方をわれわれ一人一人に自覚させ，再度それを回復
させようと試みている．回復の過程を通じて得られるものは，疑うことがで
きないものを盲目的に抱えて生きてしまっている自己の姿を見出し，それを
自覚することである．この回復の過程こそが，ヴィトゲンシュタインの治療
であり，回復の結果がもたらすものは，懐疑の消滅である．

5. 歴史性への信頼と自覚

　ヴィトゲンシュタインの懐疑に関する考察は，論証による正当化のあり方
についても再考を促す．通常われわれは，何らかの行為を正当化する際に
は，当該の行為がなされたのち（あるいは，なされてしまったと想定して），
それをいわば「後ろ向き」に振り返り，その行為が正当化できるのかどうか
を問うであろう．すでになされてしまった行為に対して，それを反省的にと
らえ，評価しようとするであろう．正当化の特徴には，このような「後ろ向
き」性がある．しかしながら，このような正当化における「後ろ向き」な態
度は，行為の第一性に反する態度である．なぜなら，正当化における「後ろ
向き」性は，行為を行うことよりも，正当化の方により信頼を置いているか
らである．つまり，信頼の源泉を行為でなく，論証の方に置いているからで
ある．行為の第一性を認めるということは，このようなわれわれの信頼の優
先性を，覆すことをしなければならない．

　では，正当化よりも行為の方に，より信頼を置くとは，どのようなことだろうか．それは，われわれが実際の行為—とりわけ，言語を使うこと—において，考察することから理解されるべきである．ヴィトゲンシュタインが，語の意味をその使用と文脈の関係において，論じていることはよく知られている (e.g. PI §43,139)．しかしながら，語の意味とは，その使用であると考えることは，意味の分析自体を不確定なものにする．なぜなら，語の使用とは，使用されるごとに，多かれ少なかれ異なる要素が入り込むことが，考えられるからである[17]．語は使用されるたびに，これまでとは異なる新たな文脈に投げ入れられることが考えられる[18]．語の使用は，様々な仕方で応用されるものであり，単一の固定されたものではない (PI §79)．それゆえ，語の使用の仕方は，これまで学んだ使用の仕方と完全に一致することは稀である．したがって，語の意味が，その使用であると主張することは，意味の分析に，最終的で確定的なものをもたらすことができなくなる．しかしながら，そのような場合でも，われわれは，語がその役割を意図したようにはたしてくれることを，「盲目的」に疑いなく信じている（もちろん，常にうまく行くわけではない）．多くの場合，何らかの新たな要素が付け加えられた，全く異なる文脈においてすら，われわれは，コミュニケーションが阻害されることはないと信じている．実際の言語使用においては，これまでとは異なる文脈に直面しても，われわれは，正当化なしに新しい使用がうまく行くと信じている．これまで行ってきたコミュニケーションが，うまく行ってきたことを信頼して，新たな文脈に直面したとしても，その信頼が揺るぐことはない．それは，これまで自分が言語を使いながら生きて来たことに対する信頼である．つまり，われわれは，言語において自分自身を信頼している．これまで自分が生きて来たことへの信頼において，多くの場合，別の文脈でも「きっとうまく行く」と自分自身と自分の使う言語を用い続けている．

　同様に，規則に従うことにおいて，次なる新たな応用を求められた時でも，われわれは，自分自身を信頼している．これまでとは異なる規則に従うことに関する，いわば「前向き」の跳躍を求められた時ですら，われわれは，正当化なしに，自らの跳躍のほうに信頼をおく．行為が実際に行われた後の「後ろ向き」の正当化よりも，根拠のない「前向き」の跳躍こそが，規則に従うことを可能にしている．もちろん，その行為が，後になって誤っていたり，批判の対象になったりすることはあり得る．「前向き」の跳躍には，絶対的に確実で妥当なものは何もない．それゆえ，論証的議論によっては，確実で妥当なものは何も示すことができない．しかし，われわれは，これまで生きてきた中で，自らが身に着けた跳躍の能力を，何よりも先行して

最も信頼をしている．われわれは，不確実な要素を内に抱えながらも，「前向き」の跳躍を信頼して生きている．われわれの日常は，自らが身に着けた行為の仕方の方に，何よりも—哲学的考察における知性が示し得るあらゆるものよりも—無意識の内に信頼している．そして，そのような信頼は，われわれがすでに，ある仕方で生きていることの内に示されている．この「盲目的」信頼は，根拠のない信頼に見えるかもしれない．しかし，まさに規則に従うことが，「盲目的」であるというヴィトゲンシュタインの主張は，自らの「前向き」の跳躍に対する「盲目的」な信頼と理解すべきである．行為の第一性とは，あらゆる知性的考察に先行する「前向き」の跳躍を「盲目的」に受け入れていることを意味している．「盲目的」な信頼こそが，規則に従うことを可能にしていると自覚できたなら，それを正当化しようという哲学的企て自体が，本末転倒な的外れなものであると理解できる．

　この「盲目的」な信頼は，われわれが，ある仕方で現実に生きていることへの信頼である．ヴィトゲンシュタインは，この「生きていること」を「自然史 (Naturgeschichite)」と呼ぶ．

　　命令，質問，説明，しゃべることは，歩くこと，食べること，飲むこと，遊ぶことと同様に，われわれの自然史の一部である．(PI §25)

歩くこと，食べること，飲むこと，遊ぶことは，論証によって正当化や根拠を要求されるようなものではない．それらは，まさにそのような仕方で生きているだけとしか言えない人間の活動である．重要なのは，ヴィトゲンシュタインが，命令，質問，しゃべることといった言語活動も自然史の構成要素であると考えていることである．つまり，ヴィトゲンシュタインは，言語活動が，歩くこと，食べること，飲むこと，遊ぶことといった論証を要求されない活動と同様のものであると考えている．ヴィトゲンシュタインにとって，言語を使うことは，ただそのような仕方で生きているとしか言えないような活動である．実際に彼は，規則の問題を論じている文脈においてすら，「言語とは，生き方に関連している，と私は言うべきである」(RFM VI 34)と言い，「規則に従うことは，人間の活動である」(RFM VI 29)と人間の生き方や活動として言語や規則を理解することの重要性を強調する．

　われわれは，哲学的考察を始める以前に，自然史を構成する要素を，そのままのものとして受け入れてしまっている．そして，われわれは，実際に，そのような仕方で生きてしまっている．われわれは，知性的な考察に先行して，すでに自然史によって構成されている要素を盲目的に根拠なく信頼せず

にはいられない存在者である．人間が生きているということは，そのような前知性的で，無意識的で，根拠のない信頼に支えられている．この信頼は，一方的で，裏切られるかもしれないものである．われわれは，そのような信頼に，いわば一途に賭けている存在者なのである．そういった信頼に自己が貫かれていると自覚したなら，規則に従うことを哲学的論証で基礎づけようとする企て自体が放棄されなくてはならないと理解される．

　もし自然史を構成している要素が欠如しているなら，人間はどのような状況に陥るであろうか．自然史に関連する「盲目的」な信頼が欠如した状況では，人間の生きている姿はどのようなものだろうか．ヴィトゲンシュタインは，次のような思考実験を行っている．

　　荒野の真ん中に，突如として，神が二分間だけ存在する国を創ったと想像してみよう．その国は，英国の一部の正確な複製であり，そこでは二分間だけ，全てのことが起こっている．ちょうど英国と同じように，人々は，様々なことをしている．子供たちは，学校にいる．数学をやっている人もいる．では，この二分間の人間の活動について，よく考えてみよう．この国の人の一人は，英国で計算をしている数学者と全く同じことをしている．—この「二分間人間」は計算をしていると言うべきであろうか．例えば，過去［この二分間の国が存在する前］と二分間に，［二分間人間がしていることを］何か全く異なることであると呼びたくなる状況を想像できないだろうか．（RFM VI 34）

限定された二分間の間には，英国にいる数学者と，この二分間だけ存在する国の数学者の間には，何の違いもない．にもかかわらず，ヴィトゲンシュタインは，「二分間人間」が計算していると言うべきかどうか疑問を投げかけている．つまり，両者の違いは，二分間以外のところにある．二分間だけ存在する国の数学者は，英国の数学者と全く同様に，計算をしているように見える．しかし，英国にいる数学者と異なり，「二分間人間」には，計算をして実際に生きて来たという「生き方」が欠如している．「生き方」の重要性を考慮しないことは，規則に従うことを成立させるために必要な「複雑な周囲の状況」を無視し，「孤立したもの」として誤って理解してしまう（RFM VI 33）．ヴィトゲンシュタインが，われわれによく見るように促していることは，計算を計算として成立させているのは，これまで計算を行って生きて来た人間の「生き方」であるということではないだろうか．この「生き方」とは，しゃべる，食べる，歩く等だけでなく，言語を使う行為である命令，

説明，質問，あるいは，計算する等である．言語に深く関連するこの「生き方」が欠如することが，「二分間人間」が計算している可能性を疑問視させるものではないだろうか．もし何ら「生き方」が存在しないなら，たとえ「二分間人間」の行動様式が英国にいる数学者と同一であったとしても，あるいは，たとえこの二人の身体が原子レベルまで同一であったとしても，「二分間人間」が，英国にいる数学者と同じ意味で「計算をしている」と呼ぶことが適当なことではない状況が生じるとヴィトゲンシュタインは考えている．

　つまり，「二分間人間」には，これまで計算をして生きてきた人間の「生き方」の蓄積が欠如している．そして，この蓄積が慣習を形作り，歴史性を生み出す．それゆえ，ヴィトゲンシュタインによれば，

　　　「規則に従う」という概念の応用は，慣習を前提としている．それゆえ，
　　　世界の歴史上，誰かがたった一度だけ規則に従ったと言うのは，ナンセ
　　　ンスである．（RFM VI 21）

「規則に従う」ことに関して，「生き方」の蓄積が，慣習を形成し，慣習が歴史性を生み出す．それゆえ，ヴィトゲンシュタインは，歴史上，一人の人間が，たった一度だけ規則に従うことの可能性を否定している（PI §199, RFM VI 34）．規則に従うことの背景には，「生き方」の蓄積から生み出される慣習，歴史性への「盲目的」信頼があることに気づける．つまり，英国にいる数学者が，計算をしているのは，一見，その数学者たった一人が，計算という行為を成立させているように見える．しかしながら，われわれが自覚しなくてはならないことは，計算を計算として成立させているものは，われわれがすでに正当化なしに根拠なく受け入れてしまっているこれまでの人間の生き方であるということである．規則の問題に関する「盲目的」な信頼とは，これまでの人間の生き方—人間の歴史性—への不確実性を抱えた，ある種信仰にも似た信頼である．

　最後に強調すべきは，この信頼は規則に対する最終的な根拠や妥当性をあたえるためのものではない．なぜなら，この信頼は，実際にわれわれが，常に，すでに，ある仕方で実際に生きてしまっていることから自覚される論証としての妥当性が示されない，根拠のない信頼だからである．それは，自分自身が，論証的議論によっては明確にされ得ないものに支えられて生きていることに気づかせるためのきっかけにすぎない．規則に関して「なぜそうしているのか」と問われたら，「ただ単にそうしている」という答えを「私」

が受け入れられるようになるためのものである．つまり，人間は論証の結果を信頼するのではなく，ある仕方で話し，行為しながらこれまで生きてきたということ，そして，自分自身もそういった人間の一人であるという説明すら不必要な平凡な事柄を根拠なく信頼することとともに生きているのだ，ということを自覚させることを目的としているのである．さらに，不確実な信頼に基づいて生きることに，何ら哲学的問題意識を持つことも必要ではないと自覚されるのである．もしこういった自覚することに失敗すれば，われわれは，哲学において，自己の現実の存在様態を著しく破壊する議論を生み出し続けることになる．そのような議論が描く人間の姿は，もはや現実の人間とはかけ離れた「気味の悪い」ものでしかなくなってしまう．ヴィトゲンシュタインは，自覚に失敗することで「気味の悪い」ものを生み続けているわれわれに対して，繰り返し自覚を促し続けているのである．

　ヴィトゲンシュタインの治療とは，自らが気づいていない「私」の生き方とそれが持つ意味の重要性を自覚することによってなされる．問題が眼前にある平凡なことに対する自覚であるがゆえに，理論でも，説明でも，主義主張でもない．問題が眼前にある平凡な事柄に関する自覚であるがゆえに，もし哲学においてテーゼを立てようとするなら，議論の余地なく，全ての人がそれに同意するであろうと考えられる（PI §128）．ヴィトゲンシュタインの治療とは，まさに「汝自身を知る」という最も伝統的な哲学の主題を受け止めなおすことによってもたらされるものであり，彼の哲学は，そのための方法論を提示している．

注

1. *Philosophical Investigations*, ed. G.E.M. Anscombe (Oxford: Blackwell, 1953). 本文中略記PI.
2. この点に関してHackerの解釈は問題がある．彼は後期ヴィトゲンシュタインの哲学を治療的であると特徴づける．同時に，彼はヴィトゲンシュタインが哲学的問題を文法の観点から考察することで解消しようとしていると解釈する．つまり，Hackerによれば，ヴィトゲンシュタインは，哲学的問題を「文法の影」とみることで，解消しようとしている．しかし，彼の議論の実質は，文法という理論的考えをヴィトゲンシュタインに帰属させてしまっている．理論的主張の帰属を止めるということは，これまでヴィトゲンシュタインに帰属させられてきたあらゆる構築的主張，つまり，理論，主義，説（e.g, 反実在論，意味の使用説，人間中心説等）を一切やめることである．Hacker, P.S.M. *Insight and Illusion* (Oxford: Oxford University Press, 1986).
3. Kripke, S, *Wittgenstein on Rules and Private Language* (Cambridge: Harvard

University press, 1982)．様々な解釈に関しては，例えば，懐疑主義的解釈 (Kripke)，ヒューム的自然主義解釈 (C. McGinn, Strawson)，社会構成主義的解釈 (Bloor, Meredith Williams) などである．もちろん，同じ解釈のカテゴリーの属しているものに関しても，解釈の実質は様々でありうる．しかし，その違いを論じることは，本稿の目的ではない．

4. 「構築的」「論証的」ということに関しては，Rorty, R. "Keeping Philosophy Pure: An Essay on Wittgenstein" in his *Consequences of Pragmatism* (University of Minnesota Press, 1982)，*Philosophy and the mirror of nature* (Princeton University Press, 1979) 参照．

5. *Remarks on the Foundations of Mathematics*, ed. G.H. von Wright, et al. (Oxford: Blackwell, 1978)．本文中略記RFM.

6. 他にヴィトゲンシュタインは，RFMにおいても，規則に従うことに関して，「根拠」がないことを強調している．(RFM VI 24).

7. 『探究』の中に，実際の言語使用のデータ収集例を見つけることはできない．Hackerはこの点を正しく言い当てている．Hacker (1986), p.156ff.

8. Hackerは，ヴィトゲンシュタインが否定している「理論」とは科学理論に即した形式のもので，例えば，カント的哲学の理論は，否定していないと主張する．Hacker (1986), p.176.

9. PI §298は，感覚語の使い方に関する議論であり，規則の問題とは関係がないように見える．しかし，ヴィトゲンシュタインは，全く別の文脈 (RFM VII 40) においも，同様の主張をしている．

10. われわれの行為の仕方や生き方の中には，誤って規則に従っている例も含まれてしまうだろう．それらを排除するためには，考え方や生き方を語るための明確な基準とその妥当性を裏書きする理論を提出する必要があるだろう．それは構築的な主張を一切行わないという治療的哲学と不整合な解釈を生み出してしまう．

11. 様々な構築的であり得るヴィトゲンシュタインの主張—例えば，使用，家族的類似性，文法，言語ゲーム等—の特徴は，その主張の内実が薄いことである．それらを理論として取り上げるにしては，いずれも十分であるとは考えづらい．しかし，これらを自覚へのきっかけであると考えれば，なぜ主張の内実が不十分に見えるのか理解できる．

12. *Big Type Script*, ed. C.G. Luckhardt and M.A.E. Aue (London: Wiley Blackwell, 2013)．本文中略記BT.

13. 例えば，「全ての人間は，いずれ死んでしまう存在である」といった命題を考えてみよう．多くの人は，この命題の意味を理解し，真であると同意するだろう．しかし，われわれは，この命題の意味を明確に理解しているにもかかわらず，死が自分自身にもやってくることが，どのようなことなのか気づけないことがある．自らの死が，何らかの理由で「私」に顕在化したとき初めて，その命題の意味を自己の現実の存在様態に即して自覚できる．自覚の欠如とは，理

治療的哲学から考察されるヴィトゲンシュタインの規則に従うこと

解しているにもかかわらず，何も理解していない状態である．同様の議論は，トルストイの小説『イワンイリッチの死』参照．

14. 自覚の具体的内容の問題に関して，ヴィトゲンシュタインは多くを語らない．彼はきっかけを与えようとしているに過ぎない．自覚の具体的内容は，その性質上，われわれ個々人にゆだねられている．「読者が自分でできることは，どんなこともその人にやらせなさい」と彼は言う（CV p.77）．歩みを進めるのは，読者であるわれわれ一人一人なのである．読者自身に考えさせるきっかけを与えることこそが，『探究』の目的であり，読者は自分自身で「考える労力」を惜しんではいけない（PI 序文）．*Culture and Value*, trans. P. Winch (Basil Blackwell: Oxford, 1980)，本文中略記CV.

15. ヴィトゲンシュタインにとって，自覚がどのようなものであるのかという別の角度からの考察は，次の論文に記してある．林晃紀「理論から自覚の哲学へ」『哲学第71号』（日本哲学会，2020年）pp.197-207.

16. 治療の対象が「私」であることは，当然ヴィトゲンシュタイン本人にも当てはまる．彼にとっても，最も治療されるべきは，自分自身である．彼によれば，「ほとんどすべての私の著作は，私自身との私的な会話である．私自身に差し向かいで言ったことである．」（CV p.77）

17. 例えば，ヴィトゲンシュタインは，遊びながら規則を変更してゆくことを例に挙げている（PI, §83）.

18. Cavell, S. *The Claim of Reason*（Oxford University Press, 1979），pp.180ff.参照.

（慶應義塾大学）

科学哲学 53-1 (2020)

若手研究助成成果報告書

科学的推論の倫理学の試み

清水右郷

Abstract

Various research findings about conflict of interest (COI) converge on the worrisome influence of COI on research results. This paper aim to diagnose problems of current institutional safeguards against the influence of COI and then suggest how to improve them. I will summarize the findings about the influence of COI and the safeguards against it. At the same time, I will give the diagnosis that the lack of reliable COI risk assessment is a crucial deficit. Therefore, my proposal is a way to implement scientfic COI risk assessment, which is based on the previous works in philosophy of science and risk study.

1. 序論

医学研究を中心に，研究の利益相反 (conflict of interest) が問題になっている．世間を騒がせたディオバン事件とそれを受けた臨床研究法の制定は，利益相反をめぐる問題の一部に過ぎない．遡れば，研究の利益相反が注目される契機となった事件は他にもあり，例えば1999年に米国で起こったゲルシンガー事件もよく知られている．だが，こうした有名な事件から利益相反の問題が突如生じたというより，専門家が社会に大きな影響をもたらすようになって以来，専門家の利益相反はずっと問題として燻ってきたと捉える方が適切だろう (cf. Parascandola, 2007).

利益相反に関する哲学研究には様々なものがあるが，そうした先行研究において，利益相反という用語は様々な意味で用いられ，利益相反の何が問題なのかも様々に捉えられてきた．そこでまず最初に，用語の定義と本稿の問題設定を明確にしておきたい．

本稿では，医学研究の倫理で使われている定義を踏襲する．すなわち，利益相反とは「主たる利益に関する専門的な判断や行為が，副次的利益によって過度に影響されるだろうリスクを生み出す一連の状況」のことである (Lo and Field, 2009, p.46)．定義中の「主たる利益」には患者の福利や研究の誠実さが含まれ，「副次的利益」には金銭的利益や個人のキャリア・評判に関する利益が含まれる．また，この定義において利益相反はある種のリスクとして見なされ，専門的判断が影響を受ける可能性がどれほどか，その影響の深刻さがどれほどかに応じて，利益相反の問題の度合いが評価されることになる．

　ただし，本稿の目的からすると，この定義は少し広すぎる．本稿では，金銭的利益を追求して被験者保護が疎かにされるといった問題は扱わず，利益相反と科学的推論の関係に焦点を絞る．企業との利害関係がデータの捏造や改ざんといった明白な不正に結びつくという懸念に加え，より微妙な形で研究にバイアスをもたらしていることが，様々な研究で示唆されてきた．研究のバイアスと言っても，研究者の政治的信条や人間関係に起因するものがありうるし，研究者が特定の仮説を支持していること自体がバイアスだと言われることもあり，そうした要因によるバイアスを利益相反に含めるべきかも議論されている (Bero and Grundy, 2016)．本稿では，影響がよく調査されてきた要因に限って議論する．すなわち，企業との経済的な利害関係が研究の内容や結論にもたらす影響と，その影響への対策を論じる．

　本稿の大きな目的は，利益相反対策の現状を診断し，処方箋を与えることである．より具体的には，利益相反の影響と対策について既存の知見をレビューし，利益相反リスク評価の洗練を重要課題として指摘し，その課題を解決するために科学哲学とリスク論の応用を試みる．2節では，利益相反が研究にバイアスをもたらすことの証拠を簡単にまとめ，利害関係による研究のバイアスを「デフォルトの仮説」として扱うことを結論として支持する．3節では，利益相反の制度的対策に関する既存の知見を要約し，現状の診断を行う．ここでは三種類の対策を紹介するが，現在の課題は，利益相反リスク評価の信頼性や説得力の低さだと結論する．この診断を受けて，4節では，科学哲学とリスク論の知見に依拠しながら，利益相反リスク評価をより科学的に行うための制度について議論する．5節では本稿の内容を要約し，残る課題について述べる．

2. 利害関係による研究のバイアス

　企業との利害関係が研究にバイアスをもたらしていることの証拠としては，具体的なケーススタディによるもの，公表論文の統計的調査に基づくも

の，心理学の実験によるものなどがある．利益相反の制度的な対策を考える際には企業との利害関係が一般的にバイアスをもたらすかどうかが重要な論点になるので，本節ではこの点に最も関連する公表論文の統計的調査について検討する．

医学の公表論文を対象にした統計的調査はかなり行われており，その大部分で，「企業から資金提供などの支援を受けた研究では，そうでない研究に比べて，当該企業の製品にとって有利な結果が多い」ことが確かめられてきた．先行研究に倣い，このような相関関係を「資金提供効果（funding effect）」と呼ぶことにする（Krimsky, 2013）．コクラン共同計画による最近のレビューでも，薬剤や医療機器の有効性に関する資金提供効果はよく確かめられており（Lundh et al.），少なくとも医学研究において，この種の資金提供効果が一般的な現象であることはひとまず受け入れてよいだろう．むしろ注目すべき問題は，資金提供効果が本当に利害関係による研究のバイアスによって生じているのかどうかである．

例えば，資金提供効果の説明として，企業は有望な製品を選別して研究しているという説がある．自社の製品にとって有利な結果が多いとしても，企業が事前に有効な製品をふるいにかけているからであり，当然の結果なのだ，といった説である．だが，同種の薬剤を比較する試験に限定しても（Bero et al., 2007），特定の物質の影響を調べる研究に限定しても（Krimsky, 2013, pp.578-582），資金提供効果が確認されている．同種の製品を対象にした研究で資金提供効果が生じるという調査結果は，製品選別説を否定する材料になる．

研究デザインの違いによって資金提供効果が説明できるかもしれない．例えば，企業の関与する臨床試験では，試験のサンプルサイズが大きい，実薬対照よりもプラセボ対照の試験が多い，ランダム化や盲検化を伴う試験が少ないといった傾向にあり，そのせいで資金提供効果が生じているのかもしれない．注意すべき点は，もし企業の支援を受けた研究で特定の研究デザインが採用されやすいとしても，利害関係による研究のバイアスがあるとは限らないことだ．特定の研究デザイン上の特徴が製品の有効性を見出しやすいとしても，その研究デザインの選択自体は正当なものかもしれないし，研究デザインの不可避的な傾向によって資金提供効果が生じているだけなら，研究の過程には利害関係による研究のバイアスと呼ぶべきものは含まれないかもしれない．

こうした問題もあって，資金提供効果に関する調査では様々な要因の関連性が検討されてきた．上述のコクランのレビューでも研究デザインの違いは

検討されており，コクランのバイアス評価ツールにあるような項目では資金提供効果は説明できないと述べて，利益相反を独立したバイアス要因として見なすべきだと結論している．そこでバイアスとして懸念されているものは，データの捏造や改ざんのような明らかな不正よりも，研究デザインの巧妙な調整や，微妙に歪んだデータの解釈，そして都合の良い結果に限った公表などである．とはいえ，このレビューでも企業の支援を受けた研究ではプラセボ対照が多いことは否定しておらず，利害関係による研究のバイアスと呼ぶべきものが本当にあるのか異論の余地はあるだろう．

　現状として，資金提供効果そのものは一般的な現象だとしても，資金提供効果が利害関係による研究のバイアス以外では説明できないとまでは言えない．しかし，クリムスキーが提案するように，利害関係による研究のバイアスを資金提供効果に対する「デフォルトの仮説」として扱うのは理にかなっているように思える (Krimsky, 2013)．利害関係による研究のバイアスを支持する証拠や分析は様々あり，総合的にはそれなりの説得力をもっているし，そうした証拠が決定的でないからといってバイアスがないとは限らない．4節では，「デフォルトの仮説」の扱いについてさらに考察を深める．

3. 利益相反対策の基本的な分類

　研究の利益相反への制度的対策として現在主流になっているものは，大まかに三種類に整理されている．開示 (disclosure)，禁止 (prohibition)，そして「狭義の管理 (management)」である (Lo and Field, 2009, ch.3)[1]．なお，これらの他に，全ての研究を公的資金で賄うといったラディカルな改革が提案されることもあるが，先に考えるべきは，現在の対策にどのような問題があり，その問題がより穏当な改善策で解決可能かどうかだろう．

　開示は，利益相反対策の中で最も基本的なものとして位置付けられている．開示の主な機能は，自分の利害関係が深刻な影響をもたらすかどうかを相手が判断できるようにすることである．開示と一口に言っても，誰が誰に何をどのように開示するのか様々なバリエーションがありうるし，実際，様々なポリシーで求められる開示の内容や方法は違っている．典型的な開示の例は，学会発表や論文公表時に，聴衆や読者に対して，企業との関係や研究資金源を記載する（ことを義務付ける）といったものだ．しかし，これについても，どこまで具体的な情報を開示すべきか，学会や学術誌の足並みが揃っていないのが現状である．

　開示の多様性を踏まえても，総評として，開示は利益相反対策として「必要だが十分ではない」という評価が妥当だろう．後述する禁止や狭義の管理

を検討する際には開示される情報が不可欠であることから，開示なしに利益相反対策を考えることはできない．しかし，利害関係の開示だけでは，研究のバイアスがなくなるわけではないし，開示を受ける個々人が開示された情報の扱いに困ることも多い．前節で触れたように，利害関係による研究のバイアスとして想定されるのは学術誌の査読を通り抜けるような微妙な影響であり，利害関係の開示を手がかりにしてそうした影響を見抜くのは大抵のひとには困難だろう．さらには，心理学の知見が示唆するところでは，利害関係の開示がむしろバイアスを強めてしまうといった悪影響も懸念されている（Loewenstein et al., 2012）．開示が利益相反の問題を全般的に解決できるという期待は，特に科学的推論のバイアスの問題を考えるときには，楽観的に過ぎる．

　禁止は，特定の利害関係を伴う研究を一切認めないというものであり，最も厳しい対策として位置付けられる．例えば，「日本疫学会機関誌 Journal of Epidemiology のたばこ産業との関係についての新しい方針」（2017年3月25日）では，たばこ産業等から資金提供を受けた研究論文を受理しないことを決定し，「この決定は，疫学とたばこ産業との関連の歴史，たばこの健康影響の大きさ，社会情勢，優先度等を総合的に勘案して行われた．この決定を通じて日本疫学会は，学術誌がたばこ産業に利用されてはならない，という価値観を表明するものである」としている．

　禁止が徹底されるなら利害関係による研究のバイアスを心配せずに済む．しかし，普通はそこまで厳しい対策は採用されない．「厚生労働科学研究における利益相反（Conflict of Interest：COI）の管理に関する指針」（平成30年6月26日一部改正）では，利益相反のある研究の全面的な禁止について，「それは活発に研究を行っている研究者を排除することになり，また，各種研究事業を有機的に連携し，できるだけ早く研究成果を社会に還元しようとする動きをも阻害することになる上，厚生労働科学研究に応募する研究者の減少，研究の質の低下等も懸念され，適切ではないと考えられる」としている．このように，産学連携は社会的に望ましい成果をもたらすのだから，それを全面的に禁止することはかえって悪い結果をもたらすという考えは根強く，利益相反のある研究の禁止が制度上で規定されることは稀である．

　そこで重要になるのが，狭義の管理である．この種の対策は，特定の具体的な対策を指しているというより，一定の手続きの結果として採用される対策を一群にまとめたものとして捉えられる．すなわち，所定の組織が研究毎に利害関係の開示を受け，その研究の利益相反の問題度合いを評価し，それに応じて指示する個別的・具体的な対策が，狭義の管理である．具体例とし

ては，追加で利害関係の開示を義務づける，研究者に利害関係を減らすよう要求する，利害関係のない研究者と交代させる，外部の人員による監査を受けさせるといったものがあるが，これらに限られない．対策の内容の決定は，一般的には，各研究機関に設置された利益相反委員会が担うものと想定されている．医学研究の場合，研究実施前に研究計画書の倫理審査が求められるため，利益相反委員会の審査や助言は倫理審査と連携して活用されることが多いだろう[2]．

　理屈から言えば，狭義の管理の運用が適切になされていれば，利益相反による問題も適切に対処されていることになる．しかし，現実の運用はかなり心許ない．中田他（2018）が最近行った調査でも，医学研究に関する利益相反委員会の活動は概して活発ではないと報告されている．もっとも，多くの機関でそもそも審査対象の基準を満たす案件が少ない可能性も指摘されており，不活発な現状は仕方のないところかもしれない．だが，この調査で興味深いのは，研究を制限するような判断をする際の参考資料がない中で委員会の運用に苦労しているのではないかという考察の部分である．

　この問題は，もちろん日本に限ったことではないだろう．カリフォルニア大学の実際の利益相反委員会の審議を録音調査した研究でも，どんな利害関係を利益相反と言うべきか，どんな対応が適切かについて，委員会が困難に直面することが報告されている（Boyd and Bero, 2007）．著者らによれば，この調査で集められたデータは，「専門職の自律性，学問の自由，説明責任，そして経済的なリアリティという競合する潜在的プレッシャーのバランスをとるために委員会がどのように苦闘しているかも示している」．機関毎に設置された利益相反委員会は，利益相反を適切に管理する責任を負っているにしても，その決定は機関内の同僚からの非難に晒されうるため，厳しい要求をする際には根拠や一貫性が重要であり，決定の基準がないことは委員会にとって大きな問題になるのである．

　狭義の管理では利益相反リスクに応じて適切な対策を講じるというのが基本的想定であるにも関わらず，利益相反リスクの評価方法も，どのような利害をどれほどのリスクと考えればよいかの基準も確立していない．数少ない例として，米国医科大学協会・米国大学協会の2008年の報告書では，10個の事例で利益相反リスク評価（およびその研究のベネフィット評価）を示している（Association of American Medical Colleges and Association of American Universities, 2008）．それでも，常識的な推測以上の評価方法ではなく，公正なリスク評価に基づいて対策を選んでいるというより，委員の主観的なリスク認知によって対策が選ばれていると言われても仕方がない．ただし，現

在の利益相反委員会の運用が失敗に終わっているという明白な証拠もないので，ひょっとすると現実には熟練の委員たちが適切な判断を下しているのかもしれない．それでもやはり，制度的な利益相反対策として安定した成果を期待するなら，委員たちの非形式的な判断に任せきりでは心許ない．

4. 利益相反リスク評価の改善へ向けた処方箋

前節では，利益相反対策として狭義の管理が重要であるものの，利益相反リスク評価に問題があるという診断を下した．これを受けて本節では，筆者の与える処方箋として，利益相反リスク評価の改善について議論する．

まず第一に，利益相反リスク評価をもっと「科学的に」行うことが必要ではないか．狭義の管理の選択にとって第一に重要なのは，どのような利害関係をどれくらいのリスクと見なすかであり，このリスク評価の信頼性と説得力を高めることが重要に思える．もちろん，現状では，利害関係による研究のバイアスが一般的に生じるという決定的な確証はなく，そのバイアスの発生を正確に予測することもできない．だからと言って，科学的なリスク評価を諦める必要はない．リスク評価に関する科学哲学から言えることは，一定の特徴をもった手続きこそが科学的なリスク評価にとって重要だということである（Shrader-Frechette, 1991, 第3章）．そのような手続きに必要な特徴として，経験的なテストを通じて予測力や説明力の向上を追求することや，リスク評価を公開の場で批判に晒すことの重要性が指摘されている．内輪の委員会で常識的推測を働かせるだけではこうした特徴が全く足りないので，当然だが，そのような推測は科学的なリスク評価とはほど遠い．

それでは，利益相反リスク評価を科学的に行うにはどうすればよいだろうか．筆者の知る限り，科学的な利益相反リスク評価として参考になりそうな良い事例がなく，現状では具体像を示すのは難しい．代わりに，利益相反リスク評価の制度的な大枠について掘り下げて考えてみたい．参考になるのは，全米研究評議会の1983年の報告書，通称レッドブックである（National Research Council, 1983）．レッドブックはリスク論の重要文献であり，リスク評価制度のあり方について古典と言うべき考え方を示した．

クリムスキーが「デフォルトの仮説」を論じたとき（2節参照），レッドブックやリスク論の蓄積をどれだけ下敷きにしたか定かではないが，この考え方はリスク論では馴染み深く，レッドブックでも重点的に論じられていた．例えば，化学物質の発がんリスクを評価する際に，動物実験で直接確かめていない低用量の影響について外挿モデルで推定することがあるが，複数の外挿モデルが科学的に妥当で，どれを採用するかによってリスク評価の結

果が大きく違ってしまうようなことも多い．そのような場面で採用するモデルをあらかじめガイドラインに定めておくことが，リスク評価では非常に重要なのである．

レッドブックでは，リスク評価におけるデフォルトの選択肢を定める際に，ある程度はデータや科学的根拠に基づくにしても，政策的価値判断が伴うことを認めている．利益相反リスク評価の文脈でも，リスク評価に価値判断が含まれることを認める必要があるだろう．2節でまとめたように，利害関係による研究のバイアスの発生を支持する社会科学的根拠はある程度集められているが，異論の余地はある．利害関係によって研究にバイアスが発生するという仮説を前提して対策を考えるとき，前提となる仮説の受け入れの根拠には，部分的には価値判断が含まれるはずだ[3]．どのような利害関係をどれくらいのリスクと見なすかについても，発がんリスクの外挿モデルの決定のように，科学的根拠と価値判断を組み合わせた決定が必要になるだろう．

だが，利益相反リスク評価に価値判断が含まれると認めれば，結局は恣意的なリスク評価に基づく決定しか為されないと疑われる可能性は大いにある．この問題について，レッドブックから得られる有益な示唆は二つある．

まず一点目は，リスク評価機関の独立性についての考察である．レッドブックはリスク評価とリスク管理の分離を主張したと一般に見なされているが，リスク評価機関とリスク管理機関の分離については支持しなかった．どんな選択肢に沿って何をリスク評価するかという問題設定や，リスク評価結果の適切な解釈のためには，機関の分離がむしろ邪魔になってしまうし，たとえ機関を分離してもリスク評価の中から価値判断を取り除くことはできない，といったことが理由である．つまり，レッドブックの考え方では，リスク評価の中の価値判断を排除することよりも，リスク評価とリスク管理を連携させることの利点を重要視している．利益相反対策の文脈に戻れば，利益相反委員会がリスク評価を担うこと自体には問題がなく，科学的なリスク評価を目指すからと言って，独立のリスク評価組織を利益相反委員会に併設する必要はないだろう．

二点目は，一律のリスク評価ガイドラインについての考察である．レッドブックでは，行政機関の間で一律に採用されるリスク評価ガイドラインの策定を提言している．その利点はいくつも挙げられており，例えば，リスク評価の科学的な側面の質保証を効率的に達成する，規制を受ける側が評価結果を予測して対応しやすくする，政策の一貫性を高めるといったことに役立つと考えられている．また，リスク評価のガイドラインを一律にしても，対策の決定そのものについては各機関に別の裁量が残るとも考えている．リスク

評価ガイドラインは，リスク評価の段階での価値判断と，リスク管理の段階
での価値判断を分けることに役立つのだ.

　こうした考察を利益相反対策に当てはめてみると，次のような体制が思い
描ける．まず最初に一律の利益相反リスク評価ガイドラインを策定し，各機
関の利益相反委員会はそのガイドラインに従って利益相反リスク評価を行う
が，最終的な対策の決定自体は各委員会の裁量に任される．この体制におい
て，利益相反リスク評価の科学性は，一律のリスク評価ガイドラインの策定
を通じて達成されることになるだろう．すなわち，2節で触れたような研究
結果を吟味し，様々な専門家やステークホルダーからの批判を取り入れ，定
期的に更新していくという手続きを通じて，利益相反リスク評価に科学性を
もたせるのである．ただし，各委員会の決定が科学的なリスク評価に基づい
ていることを明確にするには，リスク評価書の公開に相当する仕組みが必要
であり，文書の詳細さはともかく，委員会による利益相反リスク評価の結果
の公開が必要だろう.

　このような体制は，現実的な制約もそれなりに満たしているように思え
る．各研究機関に設置された現在の利益相反委員会には，独力で詳細な利益
相反リスク評価を行うリソースがあるとは思えない．リソースの問題を深刻
に受け止めるなら，ガイドラインだけではなく，簡便に使えるリスク評価ツー
ルの開発も重要かもしれない．そうした準備を含めても，全ての研究を公的
資金で賄うといったラディカルな改革に比べれば，実現可能性は高いはずだ.

　以上の議論はリスク評価制度の大枠に関する概括的なものだが，利益相反
対策の議論では本節で論じたようなリスク論の知見がほとんど参照されてい
ないので，それなりの意義はあるだろう．紙幅の都合で触れられなかった
が，レッドブックやリスク論の蓄積からは，もう少し踏み込んだ部分の示唆
も得られるはずだ.

5. 結論

　本稿では，制度的な利益相反対策の現状を診断し，利益相反リスク評価の
改善という処方箋を与えた．2節では，企業との利害関係が研究にバイアス
をもたらしていることの証拠をレビューし，それなりの証拠はあっても，決
定的とは言い難い現状をまとめた．3節では，三種類の利益相反対策につい
てレビューし，狭義の管理が鍵になっていること，そして現在の利益相反リ
スク評価に問題があることを指摘した．4節では，利益相反リスク評価の改
善へ向けて，リスク評価の科学性について検討したのち，科学的な利益相反
リスク評価の制度的な大枠について議論した.

利益相反リスク評価が改善しても，狭義の管理では価値の衡量に関する多くの難問が残る．3節で触れたように，狭義の管理が要請される背景として，産学連携にはベネフィットがあるからこそ，利益相反リスクとバランスをとりながら進めていこうという発想がある．研究のリスク・ベネフィット評価によって研究の可否を判断するというのは，医学研究の倫理では特に伝統的な考え方ではあるものの，研究の社会的ベネフィットを評価する方法は利益相反リスク評価と同じくらい未発達である．つまり，狭義の管理の困難さは，研究のリスク・ベネフィット評価全般の困難さを背景にしているとも考えられる．さらに，研究のリスク・ベネフィットの衡量と，研究の科学的妥当性の関係も一筋縄ではない（cf. 清水, 2019）．研究のバイアスに関する利益相反リスクが推定された研究は，科学的妥当性を欠くということにならないか．もしそうなら，リスクやベネフィットの衡量以前に，そもそも科学的妥当性のない研究を避けるべきではないのか．こうした衡量について倫理学的に探究することが今後の重要課題である．科学的推論の倫理学はまだ始まったばかりに過ぎない．

注

1. 本稿では三種類目のmanagementを「狭義の管理」と呼ぶことにする．「利益相反管理」という用語は，利益相反対策の手続きや制度の全体を指し示す用語として使われることがあるので，開示や禁止とは異なるカテゴリの対策を意味する用語として「狭義の（利益相反）管理」という語を充てる．
2. 医学研究における利益相反委員会の一般的な運用については「臨床研究の利益相反ポリシー策定に関するガイドライン」（平成18年3月）を参照.
3. あるいは逆に，そのようなバイアスの問題を軽くみるような価値判断から，現在の証拠にも関わらず，利害関係による研究のバイアスを基本的に認めないという決定もありうる．

文献

Association of American Medical Colleges and Association of American Universities (2008) *Protecting Patients, Preserving Integrity, Advancing Health: Accelerating the Implementation of COI Policies in Human Subjects Research*, Washington, DC: Association of American Medical Colleges.

Bero, Lisa A and Quinn Grundy (2016) "Why having a (nonfinancial) interest is not a conflict of interest," *PLoS biology*, Vol. 14, No. 12.

Bero, Lisa, Fieke Oostvogel, Peter Bacchetti, and Kirby Lee (2007) "Factors associated with findings of published trials of drug-drug comparisons: Why some statins appear more efficacious than others," *PLoS Medicine*, Vol. 4, No. 6.

Boyd, Elizabeth A and Lisa A Bero (2007) "Defining financial conflicts and managing research relationships: An analysis of university conflict of interest committee decisions," *Science and Engineering Ethics*, Vol. 13, No. 4, pp. 415-435.

Krimsky, Sheldon (2013) "Do financial conflicts of interest bias research? An inquiry into the "funding Effect" hypothesis," *Science, Technology, & Human Values*, Vol. 38, No. 4, pp. 566-587.

Lo, Bernard and Marilyn J Field (2009) *Conflict of Interest in Medical Research, Education, and Practice*, Washington, DC: National Academies Press.

Loewenstein, George, Sunita Sah, and Daylian M Cain (2012) "The unintended consequences of conflict of interest disclosure," *JAMA*, Vol. 307, No. 7, pp. 669-670.

Lundh, Andreas, Joel Lexchin, Barbara Mintzes, Jeppe B Schroll, and Lisa Bero "Industry sponsorship and research outcome," *Cochrane Database of Systematic Reviews*, Issue 2.

National Research Council (1983) *Risk Assessment in the Federal Government: Managing the Process*, Washington, DC: National Academies Press.

Parascandola, Mark (2007) "A turning point for conflicts of interest: The controversy over the National Academy of Sciences' first conflicts of interest disclosure policy," *Journal of Clinical Oncology*, Vol. 25, No. 24, pp. 3774-3779.

Shrader-Frechette, Kristin S (1991) *Risk and Rationality: Philosophical Foundations for Populist Reforms*, Berkeley: University of California Press, (松田毅他訳, 『環境リスクと合理的意思決定—市民参加の哲学』, 昭和堂, 2007年).

清水右郷 (2019)「認識的規範と倫理的規範の対立をどのように調停するか—ランダム化比較試験と臨床的均衡をめぐる論争の検討」,『日本リスク研究学会誌』, 第29巻, 第2号, 111-121頁.

中田はる佳・飯田香緒里・川澄みゆり・吉田雅幸・田代志門 (2018)「利益相反管理に関する全国医療機関調査—臨床研究法施行前の実態把握」,『臨床薬理』, 第49巻, 第6号, 213-218頁.

(国立循環器病研究センター　医学倫理研究部)

書評論文

分類と対話
—石原孝二『精神障害を哲学する』書評論文—

榊原英輔

Abstract

This is a review essay on Kohji Ishihara's *Philosophy of Mental Disorder: From Classification to Dialogue*. The book is a collection of Ishihara's recent works. Part Ⅰ of the book discusses the history of psychiatry that originally excluded those with mental disorders from the dialogue on psychiatry. Part Ⅱ describes the ever-changing nature of the classification of mental disorders. In Part Ⅲ, he presents what he calls the "dialogical approach" to mental disorders as a promising alternative way of doing psychiatry. The structure and subtitle of the book convey the message that the practice of classifying mental disorders will be superseded by the dialogue with those with mental disorders in the future. Contrary to this message, based on the notion of epistemic injustice proposed by Fricker, I argue that the classification of mental disorders has both merits and demerits for those whose disorders are thus classified, and that the classification of mental disorders will continue to assume the role of the starting point of such dialogue in the future.

1. 『精神障害を哲学する』の構成と概要

　本論は石原孝二『精神障害を哲学する—分類から対話へ—』（東京大学出版会, 2018年. 以下『哲学する』）に対する書評論文である（石原孝二, 2018）.『哲学する』は3部構成である. 第Ⅰ部（1章〜3章）の「狂気と精神医学の哲学」では，精神医学の成立に至る歴史が，精神障害をめぐる哲学者の所説を添えながら概説されている. 第Ⅱ部（4章〜7章）の「精神障害の概念と

2019年11月12日投稿, 2020年4月12日再投稿, 2020年7月4日審査終了

分類」では現代の精神障害の分類体系とその問題点が，歴史的，哲学的観点から論じられている．そして第Ⅲ部（8章～10章）の「地域精神医療と当事者」では，著者が精神医学における「対話的アプローチ」と名付ける，イタリアのトリエステ市における地域精神医療のモデル，ピアサポート／セルフヘルプグループ，フィンランドにおけるオープンダイアログ，そして本邦における当事者研究などが紹介されている．以下では，第Ⅰ部より3章，第Ⅱ部より5章と7章，第Ⅲ部より9章，10章を取り上げ，より詳しく紹介したい．

　第3章の「生物学的アプローチと精神病理学」は多様な内容を含むが，ここでは現象学と精神障害の関係についての議論を取り上げる．Jaspersは，他者の心に感情移入し，主観的な体験をありありと思い浮かべ，それを精確に記述することを「現象学」と名付けた．Jaspersのいう現象学は，患者の病的体験が健常者の体験と類似している時にしか適用できないという制約がある．またHusserlは，「現象学」を経験のあり方の本質を客観的に把握することを目指す学問だと位置づけ，現象学的探究を行う共同体から「精神を病んだ人」を排除した．石原は，JaspersやHusserlの考え方に基づくと，精神障害の現象学的探究は大きく制約されると指摘している．

　第5章の「DSMとICD」では，現代の精神障害の二大分類体系である世界保健機関（WHO）の国際疾病分類（International Classifications of Diseases; ICD）と，米国精神医学会（American Psychiatric Association; APA）の精神疾患の診断と統計マニュアル（Diagnostic and Statistical Manual of Mental Disorders; DSM）の歴史が述べられている．DSMが誕生し，ICDの中に精神障害の章が誕生したのは，第二次世界大戦によって精神障害の診断ニーズが拡大したためである．DSMの改訂の歴史において革命的であったのは，第3版（DSM-Ⅲ）において，精神障害についての記述的アプローチが採用され，個々の精神障害の操作的診断基準が定められたことである．これは，異なる理論的背景を持つ者の間でも，個々の患者の診断名については判断が一致することを目指したものだった．DSM-Ⅲは，臨床的な症状を重視する「非生物学主義的な医学モデル」に基づく診断基準であり，精神障害の原因を重視したKraepelinや，家族研究や実験室での知見を重視する生物学的精神医学の精神障害観とは距離があると石原は指摘する．2013年にはDSMの第5版（DSM-5）が出版されたが，科学的にはより妥当性が高いと考えられた，ディメンジョナルモデルは採用されなかった．米国精神衛生研究所（National Institute of Mental Health; NIMH）はその代わりに，精神障害の基礎研究のための新たな分類の枠組みとしてResearch Domain Criteria（RDoC）

を提唱し，現在に至っている．

第7章「同性愛と精神障害の概念」では，同性愛がDSMの診断カテゴリーから削除された経緯が論じられている．同性愛はDSM-Ⅱまでは精神障害の中に含まれていた．しかし，米国のゲイの活動家による抗議活動を発端とする議論の結果，APAは1974年に同性愛自体は精神障害に含めないと決定した．このプロセスに中心的に携わったSpitzerは，ある状態が精神障害と見なされるためには「主観的な苦悩を引き起こす」か「社会的な実効性や機能の何らかの一般的な障害」が伴わなければならないと論じた．Spitzerは後にDSM-Ⅲの編集委員長に任命され，この主張はその後のDSMにも採用され現在に至っている．

第9章「当事者による活動」では，精神障害の当事者が，精神科医療において主体性を獲得していく運動の展開が紹介されている．当事者運動の起源は，1838年から活動を開始したAlleged Lunatics' Friend Societyであり，当事者の自由や権利を擁護するための様々な改革を提案した．1960年以降はピアサポート／セルフヘルプグループという，同じ問題を抱えた当事者同士による互助的活動や，Consumer/survivor (COS) 運動という，精神障害の当事者が，自分たちを，医療の専門家の指示や判断に従うだけの受動的な存在から，能動的に治療を提案し選択する主体として位置づけなおそうとする動きが広がっていった．

『哲学する』の中で，石原が最も力を入れているのが第10章の「当事者研究のインパクト」である．この章では，日本における注目すべき当事者の活動として，当事者研究が紹介され，その意義が詳細に検討されている．当事者研究は，統合失調症の患者であり，「爆発」を繰り返して周囲の人々を困らせていた北海道浦河べてるの家のあるメンバーに，ソーシャルワーカーだった向谷地生良が「『爆発』の研究をしよう」と誘ったことに始まる自己探求の方法であり，今日では毎年全国大会が開催されるほどに広がっている．「当事者」という言葉には，外的な出来事を偶然引き受けざるを得なくなった者という受動的な意味と，そうして引き受けることになった問題に主体的に関わっていく者という能動的な意味の両方が込められているという．そして当事者研究には，それが「研究」として位置付けられることによって，当事者の抱える問題を当事者の人格から切り離して客体化し，問題を研究対象として一旦棚上げする機能，当事者が安全に自分を語る機会を作りだす機能，精神医学的診断とは別に，あるいはそれを発展させる形で「自己病名」をつけ，自己を再定義する機能，研究仲間とのつながりを強化する機能が備わっていると石原は指摘している．

2. 『精神障害を哲学する』に対する評価

『哲学する』は，精神医学のスタンダードな解説書であれば見落としてしまいがちな主題を丹念に取り上げており，オリジナリティの高い本として仕上がっている．『哲学する』の内容は，精神医学的に精確であり，薬物療法を軽視しているように読める記述があることに同意できない点を除いては，個々の主張も大いに賛同できる．

あとがきに記されているように，『哲学する』は，石原がこれまで様々な媒体で発表してきた論考を綴り合せたものであり，石原の近年の研究の軌跡を辿りなおすことができる．一方，前節に示されているように，『哲学する』の内容は多岐にわたり，特に精神障害の分類を論じる第II部と精神障害の当事者との対話を主題とする第III部は，全く無関係のテーマを扱っているような印象を受けるかもしれない．

だが，これらの主題がこの順番で同じ本に綴じられているという事実からは，別の解釈が可能である．石原は「はじめに」において，『哲学する』の副題を「分類から対話へ」とした理由を，「精神障害の分類を重視してきた近代の精神医学から，今日における，精神医学や精神科医療における対話を重視する方向性への変化」を表すためだと述べている (p. iii)．同じ本の第I部において精神障害の当事者が対話から締め出されてきた歴史が語られ，第II部において精神医学の成立以降，精神障害の分類が変転してきたことが描かれ，第III部において，対話的アプローチが希望に満ちた新しい精神科医療のあり方として紹介されることによって暗示されているのは，「対話こそが善であり，分類は対話にとって有害であるか少なくとも無益なものであるから，未来の精神医学や精神科医療では，分類の重要性はさらに下がり，対話がさらに重視されるようになるだろう，あるいはそうなるべきだ」というメッセージなのではないだろうか[1]．

本論の残りの部分で論じていきたいのは，『哲学する』からこのようなメッセージが読み取れるのだとしたら，それは精神科医療における「分類」と「対話」の間の複雑な関係性を捉え損ねており，修正が必要だというものである．上記のメッセージは『哲学する』に明示的に述べられているわけではないので，以下の議論は『哲学する』に対する批判とはいえないかもしれない．しかしそうだったとしても，本論は石原の本には描かれていない「分類」と「対話」の両価的な関係を明らかにするものであり，『哲学する』を補完する論考になるだろう．

3. 精神障害の分類体系の林立は何を意味するか？

本節では，『哲学する』の5章でも紹介されていた，現代の精神障害の分類を巡る状況を再度振り返ってみたい．近年，精神障害の疾病分類学が注目を集めている．きっかけとなったのは，2013年に，約20年ぶりにDSMが紆余曲折を経て第5版へと改訂されたことである（APA, 2013）．DSMの第5版への改訂に向けた議論が混乱の様相を呈していた2010年に，当時NIMHの所長であったInselは，精神医学の基礎研究をDSMの診断体系から離れて行うための分類枠組として，RDoCを提唱した（Insel et al., 2010）．近年ではこれに，分類体系の第三極として，米国の心理学者を中心とする研究者グループが提唱したHierarchical Taxonomy of Psychopathology (HiTOP) という分類体系が加わった（Kotov et al., 2017）．さらに，WHOが発行するICDが2019年に約30年ぶりに第11版に改訂され，このICD-11の精神障害の分類に，ゲーム障害（gaming disorder）が追加されたことが全国紙の一面を飾るニュースとなったのは記憶に新しい（毎日新聞, 2019）．2010年代に活発化したこのような動きが明らかにしたのは，精神障害の分類が時代によって変化しうるものであり，分類体系がそれを主導する主体によってさまざまな形を取りうるということであった．

これらの分類体系を見比べたとき，臨床場面での使用を想定しているDSM-5やICD-11は，基本的にはカテゴリカルな分類体系を維持しているのに対し，研究との結びつきを重視しているRDoCとHiTOPがディメンジョナルな分類体系を採用している点は興味深い．ここでカテゴリカルな分類体系とは，「大うつ病性障害」「統合失調症」といった個々の精神障害を生物種のような種と考え，それぞれの精神障害は「該当する」か「該当しない」かのいずれかであるとし，該当する診断によって患者を特徴づける分類体系のことである．これに対してディメンジョナルな診断体系とは，種々の精神病理（例えば抑うつ，不安など）の重症度を数値化し，個々の人を様々な精神病理の重症度の数値のベクトルによって表される多次元空間内の位置によって特徴づけるような分類体系のことである．加えて，精神障害のディメンジョナルな分類は，患者の精神病理の横断面，すなわち一時点の特徴を表現したものであるのに対し，カテゴリカルな分類は，個々の精神障害の典型的な病歴や治療反応性と結びついており，縦断的な含意を持っているという違いも存在している．

研究向きの分類体系において，ディメンジョナルな分類体系が採用されたのは，精神障害は，少なくとも症状のレベルでは，動物種のようにカテゴリ

カルに区分けすることができないことを示す証拠が積みあがってきているからである (Kotov et al., 2017). この中でもRDoCは, 不安や抑うつといった精神障害を構成する個々の心理学的症状が, 遺伝子, 細胞活動, 神経活動といった様々な生物学的事象とどのように結びつくのかに関する最新の知見を二次元の表にまとめたものであり, 精神医学との結びつきを重視する生物学や基礎医学の研究者にとって有益な見取り図になっている (Cuthbert & Insel, 2013). 一方HiTOPは, 心理学や疫学の専門家によって提唱され, 個々の患者の特徴を, 様々な精神病理の強さの数値的パターンとして表現する. 例えば〇〇さんの「内在化問題」は60点, さらに内訳をみると「苦痛度」は40点, 「恐怖」は75点, 「摂食の問題」は20点, 「性活動の問題」は30点, といった具合である[2]. このような数値表現は, たしかに臨床診断に付け加える補助的な情報として役立つかもしれない. しかし, HiTOPが本領を発揮するのは, 多数の患者を対象とし, 精神障害のリスク因子や予後規定因子を探索する疫学研究においてであるように思われる.

　他方, Zacharら (2016) は, DSM-5は, 従来のカテゴリカルな分類体系からディメンジョナルな分類体系へと「パラダイム・シフト」を起こすことを当初は目指したが, 最終的にはこの動きがことごとく阻止された経緯をまとめている. 「パラダイム・シフト」が頓挫した理由の一つに, ディメンジョナルな体系は複雑であり, 日常臨床において使いにくい, という現場の精神科医達の意見があったことは特筆に値する.

　精神科医は, カテゴリカルな分類に慣れ親しんでおり, 「〇〇さんはうつ病だ」と言われた方が, 「〇〇さんの抑うつ得点は64点で, 不安得点は20点で…」と言われるよりもその人の中核的な問題を把握しやすい. なぜなら, Luhrmann (2001) が指摘しているように, 精神科医は, 卒前卒後の医学教育の中で, 様々な診断の典型的とされる症例の病歴や治療過程を多数経験し, それぞれの精神障害のプロトタイプを頭の中に構築することで, バードウォッチャーが鳥を見分けるように, 目の前の患者に診断を付けるスキルを身につけてきているからである.

　カテゴリカルな診断を好む精神科医の感覚は, 雲の分類を例にして考えれば, 医師でない者も共感できるかもしれない. 私たちは, 「積乱雲がある」と言われれば, 雲のイメージが湧き, それがよく見られる季節や, 雷雨の可能性などに自然と連想が及ぶ. これに対して, 「高度9, 幅4, 不透明度5…の雲がある」と言われても, どういった雲であるかを直ちに連想するのは難しいだろう.

　さらに, 患者が「うつ病」という目に見えない病を持っており, それが

様々な症状を引き起こしているという考え方は，混沌とした臨床的現実の中に病自身の秩序を読み込み，臨床的な意思決定を導き出すための説明モデル（explanatory model）の一種と考えることができる（Kleinman, 1988）．もしそうであるとするなら，カテゴリカルな分類体系の是非は，個々の精神障害が自然種（natural kind）であるかどうかという事実の問題だけには帰着させられないことになるだろう．それは，精神障害をカテゴリカルなものと見なした方が治療関係や臨床実践を組み立てやすいかどうか，という治療文化論的な問題でもあるのである．

　だが，ここで気にかかるのは，精神障害の分類に最も関係が深いはずの，分類の対象となる精神障害の当事者が，分類を巡る議論の蚊帳の外に置かれているという事実である[3]．そこで次節で検討したいのは，分類体系が精神科医や生物学・心理学の研究者によって主導され，分類される人々の関心や利便性に注意を払ってこなかったという事実から，分類や診断が当事者にとって無益であったり，さらには有害であったりすることが帰結するかどうかである．

4. 精神障害の分類と精神障害の当事者

　本節では，精神障害の分類と精神障害の当事者がどのような関係にあるかを考えていきたい．この目的のために参照点としたいのが，Fricker が提唱した認識的不正義（epistemic injustice）の概念である（Fricker, 2007）．

　Fricker は女性差別や人種差別の事例を通して，認識的不正義という独特の不正義が世間の中で頻繁に見られることを指摘した．認識的不正義とは，ある人の知識の担い手としての能力が不当に扱われることを指し，証言的不正義（testimonial injustice）と，解釈的不正義（hermeneutical injustice）の二種類からなる（p. 1）．証言的不正義とは，会話の聞き手が，特定の社会的属性（女性，黒人など）を持つ人々に対する偏見のゆえに，話し手の発言の信憑性を不当に低く見積もることを指す．解釈的不正義とは，特定の社会的属性を持つ人々が，長らく社会参加を阻害されてきたために，自身の経験に意味を与え，声を上げるための概念的資源に恵まれず，結果として自己理解を深められず，自らの苦悩を言葉にできない状況を指す．Fricker は，前者の例として，『アラバマ物語（To Kill a Mockingbird）』という1935年のアラバマ州を舞台とした小説の中で，黒人の Tom Robinson が白人女性を強姦したとして裁判にかけられ，白人だけで構成された陪審員達が，黒人である Tom の証言を信じず有罪にしてしまったという例を挙げている（Ibid., p.23f）．また後者の例としては，「セクシュアル・ハラスメント」という概念がまだ誕

生する以前に，セクシュアル・ハラスメントの被害を受けていた女性たちの境遇を例に挙げている（Ibid., p. 149f）．

　精神障害者は，物理的な暴力や，就職における差別，経済的な搾取などの露骨な不正義の被害に稀ならず遭遇する．しかしこれらの不正義が悪であり，是正されなければならないことはよく認識されており，発覚した際には何らかの対策が取られるのが通常である．これに対し，認識的不正義という視点は，精神障害を持つ者が，標準的な医療が提供されている間においても頻繁に経験する不正義の問題に焦点を当てる．精神科医療における認識的不正義は，露骨な不正義と比べると，一つ一つの問題は軽微だと言えるかもしれないが，その頻度や広がりは後者を上回り，発覚しても対処がなされないまま放置される傾向にある点で，重大な問題であるといえるだろう．

　認識的不正義という観点から見ると，精神障害の診断は，解釈的不正義の是正と，証言的不正義の助長という，相反する二つの影響を当事者に及ぼしていることが分かる．第一に，当事者は最初，自分では理解や対処ができない心身の不調や苦悩を抱えて精神科に受診する．精神科医が下す診断とそれに付随する精神医学的な説明は，当事者の苦しみに名前を与え，自己理解を促進し，自分の窮状を周囲の人々に訴えるための解釈的資源となるだろう（Wardrope, 2015）．精神科医療は，薬物療法や精神療法を通して，患者を勇気づけ症状を緩和するだけでなく，精神医学的な説明モデルを提供することで，当事者の知識の担い手としての能力を強化する側面があるのである．

　一方で，診断や分類が及ぼす悪影響は二種類に分けて考えるのが有用である．第一に，現状では，個々の診断名に関わらず，精神障害全般に対するスティグマが存在している．このため，精神障害の診断を受けることは，偏見の対象となり，発言の信憑性を低く見積もられてしまうという証言的不正義の被害を受けるリスクを高めてしまうことを意味している．例えば，精神障害を持った患者は，腹痛や動悸などの身体症状を内科で訴えても，「精神障害のせいで身体症状を訴えているだけ」と捉えられがちであり，十分な身体診察や検査を受けられない傾向にあるのである．

　精神障害にまつわる偏見は，精神科医療の外だけで生じてきたわけではない．精神科医療の内部でも，精神障害者は，自らに関係する事柄を適切に判断できないと見なされ，治療方針に関わる大事な話し合いであっても，本人が蚊帳の外に置かれてしまうことが少なくない．Frickerは，特定の属性を持つ人々が，その属性に対する偏見のゆえに，発言の信憑性を不当に低く見積もられてしまうどころか，そもそも発言の機会を与えられないことを，先制的（pre-emptive）な証言的不正義と呼んでいる（Fricker 2007, p. 130）．精

神障害者に対する先制的な証言的不正義は，精神科医療の中でもありふれたものなのである．

　第二に，個々の精神障害に関する知識が，証言的不正義を誘発してしまう場合がある．個々の精神障害は，それぞれ特徴的な精神症状と結びつけられている．例えば統合失調症であれば幻覚や妄想が生じ，不安障害であれば実情にそぐわない過度な不安が伴うといった具合である．「症状」に分類される心理状態は，現実を適切に反映したものではない．それゆえ，症状に基づいた発言をうのみにしない態度は，証言的不正義であるどころか，認識的に要請されるものなのである．しかしそれゆえに，個々の精神障害の特徴を理解している患者の家族や主治医などが，「症状」とみなす範囲を広く取りすぎてしまい，患者の発言を過小評価してしまう可能性がある．過度な病理化は，本人のためを思ってなされることも多く，無知に基づく偏見とは一線を画するものである．

　このような状況を改善しようとする動きが，精神科医療の現場，精神科医療計画の策定，精神科関連施設の運営，そして精神障害の研究において始まっている．

　第一に，臨床場面における意思決定の方法として，共同意思決定（shared decision making）という方法が提案されている（Charles et al., 1997）．共同意思決定とは，医療者が一方的に方針を押し付け，患者はそれに諾々と従うだけの伝統的な医師－患者関係や，医療者は情報を提供するだけで，意思決定の重荷と責任を患者が一人で担う「情報に基づく選択（informed choice）」のいずれでもなく，医療者と患者が十分な時間をかけて，互いの知識や価値観を持ち寄り，共同して意思決定していくことを指す．本邦においても，アプリケーションやパンフレットなどを用いて情報共有と意思決定を支援し，共同意思決定の考え方を精神科医療に取り入れることが近年試みられてきている（山口＆熊倉, 2017）．

　公共サービスの利用者であった人々を，サービスをより豊かにするための資源として捉え直し，公共サービスの提供者と利用者が，対等な立場で共にサービスの企画や実施に携わっていくことは，英国において「コ・プロダクション（co-production）」と名付けられ，本邦でも着目されるようになってきている（源田, 2016）．従来，精神科医療の施設の運営は，精神科医療の専門家に任せられてきた．市場原理がうまく機能する領域では，サービスの提供者は，市場での競争に勝つために，サービスの利用者の要望を取り入れるよう常に工夫するだろう．しかし医療は，そのような市場のメカニズムが働きにくい領域である．そこで英国では，コ・プロダクションの思想を医療にも

取り入れ，保健医療サービスの長期計画や治療ガイドラインの作成に当たって，患者や患者支援団体が関与する仕組みが確立された（宮本＆小川，2019）．また，精神障害者を精神保健関連の施設の職員として雇い，サービスの利用者の視点や力を取り入れる試みも始まっている．このような職員は「ピアサポートワーカー」や「ピアスタッフ」と呼ばれている[4]．

　第三に，『哲学する』の３章では，「精神を病んだ人」が現象学的研究の主体から疎外されてきた歴史が紹介されているが，今日では，精神障害の当事者の参加は「患者と市民の参画（patient and public involvement）」の一環として，学術研究の領域でも盛んになってきている（山口，2019）．従来精神医学の研究では，患者は研究の「対象」であり，質問紙に答えたり，血液サンプルを提供したりすることはあっても，研究の「主体」とはみなされてこなかった[5]．科学の素人であり，しかも精神障害というハンディキャップを抱えた精神障害の患者は，研究に関して有益な視点を提供し得ないと考えられてきたのである．しかし，精神障害の当事者が研究者と共に研究の発案や運営に関わることは，より当事者のニーズに即した研究を行い，研究を当事者がより参加しやすいものにし，評価尺度をより当事者の実体験に即したものにできるといった点で，科学の発展にとっても有益であることが示されつつある（Ibid.）．

　『哲学する』の10章で紹介されている本邦における当事者研究は，上述のような精神障害当事者の学術研究への参加とは異なる実践である．というのも，当事者研究は，必ずしも学術論文の出版を目標としてはいないし，学術論文と同等の質や新奇性のある成果を目指しているわけでもないからである．しかし両者がともに「研究」と呼ばれることには重要な意味がある．どちらの「研究」においても，精神障害の当事者が「まだ分かっていないことを探究する」という認識的実践を行う共同体の一員となることで，認識の主体であるという感覚を一層強化することができるのである．そして，認識の主体であるということは，理性という，人間存在特有の価値の中核を構成するものなのである（Fricker 2007, p. 44）．

　ここで重要なのは，患者の研究への参加という局面では，精神障害の分類はその前提になっていることが多いということである．なぜなら，それぞれの当事者が，どの研究に参加するのが有意義であるかは，その当事者がどの精神障害に該当するかによって決定されるからである．たとえば，統合失調症に関する研究に協力する意義があるのは，統合失調症の患者である．研究の場面で，統合失調症の研究者と統合失調症の当事者が出会い，対話の端緒となるのは，「統合失調症」という診断名なのである．分類は偏見や疎外の

温床でもあるが，対話のきっかけを作り出すものでもあるのだ．

　当事者研究も，「薬物依存症者の当事者研究」「おとなの発達障害の当事者研究」というように，現状ではその多くが精神障害の診断と結びつけられた形で開催されている（熊谷編, 2017）．つまり，精神科医が精神障害をカテゴリカルにグループ分けしようという発想で生まれた分類体系が，当事者がグループを作る際にも参照されているのである．これは，ある当事者研究グループに参加するかしないかというのはゼロイチの判断であり，自分に似た問題を抱えた人が多く所属していそうなグループを選ぶという課題は，精神障害を「該当する」か「該当しない」かのゼロイチで捉え，カテゴリカルな診断をつけるのと同型の課題であるからかもしれない．

5. どのような意味で「分類から対話へ」なのか？

　『哲学する』の副題は「分類から対話へ」であった．石原がこの副題に込めているのは，精神科医療や精神医学は分類から対話へと歴史的に発展していくだろう，あるいはそうなるべきだ，というメッセージである．すなわち，従来の精神医学では精神障害を分類するという実践が中心であったが，今日ではその限界が見えはじめており，精神障害を分類する実践は，やがて対話的実践に置き換えられていくだろう，ということである．

　しかし，精神医学の実情を鑑みるならば，このようなことが生じるとは考えにくい．なぜなら，これまでの節で述べてきたように，精神障害の分類は精神科医にとってだけでなく，精神障害の当事者にとっても一定の役割を担っており，分類無しで済ませられるようになるという兆しは見られないからである．そのかわりに本論では，精神障害の当事者との個別の関係は，その人と関わる時間が短いうちは「分類」が重要な役割を占め，関わる時間が長くなるほど「対話」がより重要になっていくのだと主張したい．

　関係が短時間であるときに「分類」の重要性が高くなるのは，第一に，分類や診断が，情報の把握や伝達のための効率的なツールとなるからである．例えば，医療統計や保険業務に関わる専門家は，書面上でしか知らない多数の精神障害の患者に関して，診断名以上のことを知るのは不可能かもしれない．また，精神科医療の専門家は，1分程度の短い時間で，特定の患者の情報を他の専門家に説明しなければならない場面に頻繁に直面する．このような時に，診断名を用いずに患者を説明するのは難しいだろう．

　また，特定の患者と長期的な関係を築いていく際にも，診断名は相手を理解するための最初の手掛かりを与えてくれるものである．診断を頼りにするのは専門家だけではない．統合失調症患者がうつ病患者の気持ちを理解しよ

うとする時のように，精神障害の当事者やその家族が，自分とは異なる苦悩を抱える他者のことを理解し，関係を築いていくことになったとき，多くの場合まず参考になるのは診断名なのである．さらに，インターネットが発達した昨今では，診断名は，関連する情報を得るための検索のキーワードとして，その重要性が一層高まっているといえるのではないだろうか．

しかし，精神障害者と継続的な関係を築いていく際には，分類はあくまで相手を理解するための出発点でしかない．その人との付き合いが長くなり，関係が深まれば深まるほど，その人はカテゴリカルな分類によっては語りつくせない，固有の顔と名前を持った存在となっていくからである．これは当事者同士の関係だけでなく，医師と患者の関係においても同様である．患者との関わりが長くなるにつれて，その人の診断名があまり意識されなくなっていくということは，精神科医がよく経験することなのである．

上記のことを踏まえると，精神障害を持つ人々との個々の関係は，「分類」から「対話」へと発展していくと言えるかもしれない．しかし，精神医学を全体として見るならば，対話的アプローチが今後さらに発展したとしても，分類の実践が廃れていくことにはならない．なぜなら，精神障害の分類は，今後も対話の出発点としての意義を担い続けていくからである．

6. 結語

本論では，石原の『哲学する』の書評から出発し，精神障害の分類と，分類される当事者の関係について考察を進めた．そこから明らかになったことは，分類体系は専門家の関心に基づいて作り出されたものであり，当事者は分類体系の制定や改訂のプロセスから締め出されてきたが，分類は当事者にとって無益であったり，有害であったりするだけの存在ではないということである．分類は，分類される当事者にとって，偏見や疎外の原因となりうる一方で，自己理解を促進し，自らの困難を他者に説明する手段となり，さらに対話のきっかけを作りだすものでもあるという点で，功罪相半ばする存在なのである．さらに，その「罪」の部分を減らす取り組みも始まっている．

それゆえ，精神障害の分類は，将来精神医学が発展し，当事者との対話がさらに重視されるようになれば，やがて無用になるというような存在ではない．分類はむしろ，対話の出発点として，今後も一定の役割を担い続けていくだろう．しかし，カテゴリカルな分類は人を理解する方法としては貧弱なものである．だからこそ私たちは，個々の関係性の中では，分類から対話へと歩みを進めていかなければならないのである．

注

1. なお,『哲学する』では十分論じられていなかった,精神障害の分類に関する石原のスタンスは,石原 (2019) において明確化されている.

2. HiTOPを用いた患者の特徴づけに関しては,2019年にサンフランシスコで開催されたAPAの年次総会の中で行われた,HiTOPの臨床応用の可能性を論じるシンポジウムにおけるKotovの発表を参考にした.

3. ただし,『哲学する』の7章で紹介された,同性愛者の活動家による抗議活動を契機として同性愛がDSMの診断カテゴリーから削除された事例は,その重要な例外である.Bueterは,分類体系の策定や改定に際して,当事者の声が締め出されてきたことは,次節で述べる「先制的な証言的不正義」に当たると主張している.一方で彼女は,DSM-5の制作過程では,新しい診断基準のドラフトに対するパブリックコメントが寄せられ,trichotillomania (抜毛症) においては,当事者の意見を受けて,診断名として "hair pulling disorder" という名称が併記され,診断基準も一部改められたことも指摘している (Bueter, 2019).

4. 東京大学医学部附属病院精神神経科においても,2018年よりピアスタッフの雇用が始まった.

5. Frickerは,カントの倫理学における「他者を手段としてのみではなく,常に目的としても扱うべし」という定言命法を敷衍する形で,理性的存在者は認識の客体としてだけではなく,認識の主体としても扱われるべきだと主張している (Fricker, 2007, 6章).

文献

American Psychiatric Association. (2013). *Diagnostic and Statistical Manual of Mental Disorders, 5th ed. (DSM-5)*. Washington, DC: American Psychiatric Publishing.

Bueter, A. (2019). "Epistemic injustice and psychiatric classification," *Philosophy of Science, 86*(5), 1064-1074.

Charles, C., et al. (1997). "Shared decision-making in the medical encounter: what does it mean? (or it takes at least two to tango)," *Social Science & Medicine, 44*(5), 681-692.

Cuthbert, B. N., & Insel, T. R. (2013). "Toward the future of psychiatric diagnosis: the seven pillars of RDoC," *BMC Medicine, 11*(1), 126.

Fricker, M. (2007). *Epistemic Injustice: Power and the Ethics of Knowing*. Oxford: Oxford University Press.

Insel, T., et al. (2010). "Research Domain Criteria (RDoC): Toward a new classification framework for research on mental disorders," *American Journal of Psychiatry, 167*(7), 748-751.

Kleinman, A. (1988). *The Illness Narratives: Suffering, Healing, and the Human Condi-*

tion. New York: Basic Books.

Kotov, R., et al. (2017). "The Hierarchical Taxonomy of Psychopathology (HiTOP): A dimensional alternative to traditional nosologies," *Journal of Abnormal Psychology, 126*(4), 454-477.

Luhrmann, T. M. (2001). *Of Two Minds: An Anthropologist Looks at American Psychiatry.* New York: Vintage Books, a division of Random House.

Wardrope, A. (2015). "Medicalization and epistemic injustice," *Medicine, Health Care and Philosophy, 18*(3), 341-352.

Zachar, P., et al. (2016). "Personality disorder in DSM-5: an oral history," *Psychological Medicine, 46*(1), 1-10.

石原孝二. (2018). *精神障害を哲学する：分類から対話へ.* 東京大学出版会.

石原孝二. (2019). "分類は何のためか：診断バイアスと相互作用," *精神科, 34* (3), 293-297.

熊谷晋一郎編. (2017) "臨床心理学増刊第9号—みんなの当事者研究," 金剛出版.

源田圭子編. (2016). *コ・プロダクション: 公共サービスへの新たな挑戦—英国の政策審議文書の全訳紹介と生活臨床.* 萌文社.

毎日新聞. (2019). "WHO：「ゲーム障害」は疾病「要治療の病気」," 2019年5月26日東京朝刊, 一頁政治面.

宮本有紀, 小川　亮. (2019). "コ・プロダクション（共同創造）は英国の精神保健医療福祉政策にどのように位置づけられているか," *精神保健ジャーナル 響き合う街で, 87,* 11-16.

山口創生. (2019). "研究におけるコ・プロダクションと当事者参画の世界潮流と日本での可能性," *精神保健福祉ジャーナル 響き合う街で, 87,* 31-35.

山口創生, 熊倉陽介. (2017). "統合失調症患者における共同意思決定," 医学のあゆみ, *261* (10), 941-948.

（東京大学医学部附属病院）

書評

蝶名林亮編著『メタ倫理学の最前線』
（勁草書房，2019年刊）

　本書は贅沢な本である．タイトルの通り，メタ倫理学の最新トピックが指折りの哲学・倫理学者によって詳細かつ余すところなく解説されている．「おわりに」によると，本書の成り立ちは「大学の学部生が卒業論文を書くために必要な資料が日本語で揃っていること」（356；括弧内の数字は本書の頁数を表す．以下同様）の必要性から生じたそうだが，その目論見はよい意味で裏切られているように思う．少しめくればすぐにわかるように，収録された各論文は，学部生どころか，大学院生，ひいては専門的な研究者にも大いに資する内容を持っているからである．すでに高い評価を得ている佐藤岳詩著『メタ倫理学入門』（勁草書房，2017年）とあわせて考えると，本書はわが国におけるメタ倫理学の裾野を一気に拡大させるものであるように思われる．

　各章（各論文）に分け入る前に，本書全体の特筆すべき特徴を三つだけ挙げておきたい．まず，本書に収録されている論文は主として，既存の研究を取りまとめ評価する「批評的論評」(2) である．だが扱われるテーマは，専門的で多岐にわたる．各章の概要は次の通りである．第1〜3章では哲学史におけるメタ倫理学説について，第4章では現代メタ倫理学の最重要概念である「理由」について，第5〜7章では道徳実在論をめぐる論争について，第8〜9章では反実在論・非実在論について，第10〜11章では哲学諸分野から見たメタ倫理学についてレビューされている（最後の補論では，その他の研究動向までカバーされている）．驚くべき周到さとバランス感覚である．次に，論文どうしで相互に参照し合える工夫が随所でなされているのも本書の特徴である（索引が詳細なのもありがたい）．この工夫により，各トピック間の結び付きが格段に分かりやすくなっており，人によっては思わぬ気付きがあるだろう．最後に，これはどちらかと言うとメタ倫理学全体の特徴であるが，倫理学に留まらない領域横断的な論点が多数含まれている．たとえば，第4章は行為論，第6章は心・数学の哲学，第7章は認識論，第8〜10章は言語哲学（意味論・語用論），第11章は実験哲学・道徳心理学と密接に関連する．この意味では，本書は分析哲学全般の裾野を広げることにも貢献するだろう（一つだけないものねだりだが，非専門家向けに「まずどれから読めばよいのか」を示す「文献案内」のような項目があればなおよかったかもしれない）．

　さっそく詳しい中身に入っていきたいが，字数制限の都合上すべての章を平等に拾い上げることは不可能である（現状でも大幅な字数超過）．そのため，本書後半の第6章からは，執筆者には失礼ながらダイジェストとなってしまうが，気になる方はぜひ自らの足で「最前線」に立つことをおすすめする．それでは，私個人の安

直な感想を添えて各章を順に見ていきたい.

　第1章で立花幸司は, アリストテレスにとっての倫理学がどのようなものである
かを検討し, 二つの特徴を剔出する. 第一に, 倫理学とは経験的な基盤を持ち経験
的な探究と協同して展開される「自然化された学」(33) である. 第二に, 倫理学と
は思弁上の空論なのではなく, 「実効性を重視し, 実際に人間を善くする」(37) こ
とに資するものである. その上で立花が示唆するのは, 「規範・応用・メタ」とい
う倫理学の現代的な切り分けが, ときに倫理学の発展を阻害するかもしれないとい
うことである. 本章の試みは, アリストテレスの倫理学説から一歩後ろに引き, 三
領域には必ずしも分化されない倫理学それ自体に対して考察を加えるという意味で
の「メタ倫理学」的なものである. 残念ながら, アリストテレス倫理学の流れを汲
むとされる「現代の徳倫理学」(33) は, (実証的な研究との親和性という文脈以外
では) 本章ではほとんど説明されていない. よく知られるように, 徳倫理学は一般
化可能な道徳原理を否定する個別主義としばしば結び付けられ, 徳概念は規範倫理
学や認識論, 道徳心理学でも盛んに論じられている. こうした最新の議論状況につ
いての言及が少ないことは, 批評的論評である各章に比べ本章がやや浮いた感じが
ある原因にすらなっているかもしれない. だが特殊な意味での「メタ倫理学」が主
題となっていることを踏まえると, 本章が『メタ倫理学の最前線』と題された本の
冒頭を飾っていることは大変興味深く啓発的である.

　第2章で萬屋博喜は, 道徳判断についてのいわゆる認知主義 (特に主観主義) と
非認知主義の対立を援用しながら, メタ倫理学においてヒュームがどのように受容
されてきたかを詳細に論じる. ヒュームの道徳哲学にはこれまで, 情動主義や主観
主義, 錯誤説, 投影説, 公平な観察者理論など様々な解釈が提示されてきた. 中で
も萬屋が有望だとみなす解釈は, 認知主義でありながら主観的な反応を重視する,
D.ウィギンズによる賢明な主観主義である. そこから萬屋はこの解釈の深化を助
けるものとして, ヒュームの大著である『イングランド史』の通俗的な歴史叙述を
引き合いに出しているが, 私にはこの引き合いはいささか唐突に感じられ, 両者は
「身近な視点から歴史的なものを理解する」という比較的ありふれた共通点しか
ないように見えた. 仮に賢明な主観主義で重要な役割を果たす分析方法である詳明が
ヒュームの歴史叙述と何らかの点で符合するとしても, その符号が問題の主観主義
の発展に具体的にどのように貢献しうるのか疑問が残る (私の見る限り, 詳明の深
化により役立ちそうなのは, P. F.ストローソンの記述的形而上学, 特に後年の相互
連関的分析である). とはいえ, 「ヒュームを藁人形化した上で評価していないかど
うか注意」し, 「ヒュームが残した膨大なテクストを脇に置くべきではない」(64-5)
という萬屋の指摘は, 数多の (自称) ヒューム主義者にとって誠に耳の痛い話で,
本章の『イングランド史』参照はその実践の萌芽として高く評価されるべきである.

　第3章で永守伸年は, K.コースガードやD.ヴェルマンの思想を下敷きとしなが
らカント本来の思想――特にその啓蒙思想――に立ち返ることで, 従来のカント主

義で見過ごされがちだった側面を照射している．その側面とは，社会関係や社会制度を包括するような実践理性の社会的次元である．永守によると，我々行為者が感情伝達などで相互理解を深め，さらにエチケットや慣習の規範にコミットすることができるのは，我々が「賢慮（Klugheit）」に実践理性を働かせること，すなわち「欲求の全体をモニタリングし，それを制御」(93) することで，自己を能動的にコントロールするおかげである．こうしてカント主義の社会的次元を明るみに出したのち，最後に永守は，S.ブラックバーンのカント解釈を「典型的な誤解」(96) と切り捨てる．私の見立てでは，ブラックバーンが（ヒュームに肩入れするあまり）カントを戯画化しすぎるきらいがあるのは間違いないが，該当箇所における彼の要点は，実践理性が欲求を上から／一方的にコントロールするという「カント主義的な船長」の描像を棄却することにあった．この意味では，本章での「賢慮」の働きはブラックバーンの言う「カント主義」の描像そのものであるように見える．しかしながら，厳密なカント読解に基づき「デフォルメされたカント主義」(96) に警鐘を鳴らす本章は，社会的次元を見落としがちな（目を背けがちな？）多くのメタ倫理学者をまどろみから覚醒させるのに十分な役割を果たすだろう．

　第4章で杉本俊介は，近年のメタ倫理学の主要トピックである「行為の理由」を取り上げ，規範理由と動機付け理由がそれぞれどのようなものであるかを考察している．マイケル・スミスによって提出された著名なトリレンマ（いわゆる「道徳の中心問題」）を手掛かりとすることで，杉本はまず規範理由について，還元主義と非還元主義ならびに内在主義と外在主義の対立を豊富な例を用いて描き出す．次に動機付け理由については，ヒューム主義と反ヒューム主義ならびに心理主義と反心理主義の対立が丁寧に概観される．規範理由の内在主義と外在主義を比較する際，杉本の論述はJ.マーコヴィッツにならったものになっているが，一点だけ細かな点を補足しておきたい．外在主義に対する内在主義の優越が際立つのは，ある人に帰属させられる理由が何であるかについて不一致があるときである．このとき外在主義者は人々の間で共有される合理性の実質的な（具体的な内実を伴う）基準を持ち出す——だがこの実質性は，まさしくそこで問題となっているはずの理由が何であるかをあらかじめ特定してしまう．他方で内在主義は合理性の基準を単なる手続き上のものとみなすため，問題の理由が何であるかについて一致しない者の間でもその基準は受け入れられる．この意味で，たしかに内在主義は杉本が指摘する通り「穏健」なのではあるが，それが意味するのは，「多くの説明を必要とする立場」(118) というよりは「いいところがたくさんある (has a lot more to be said for it)」立場だということであろう．以上はあくまでも，「理由」という身近ではあるが扱いにくい概念をこれ以上ない明晰さでレビューしてくれる本章に対する補足にすぎない．

　第5章で蝶名林亮は，自然主義と非自然主義の対立を見ていくなかで，自然主義側からの一つの応答として，M.シュローダーによる仮言主義（規範理由の内在主

義と還元的な自然主義の組み合わせ）に焦点を当てている．自然主義に対して問われる「道徳の規範性はどのように説明されるのか」という問題に対し，シュローダーは「規範的なものはすべて理由に関すること」だとしたうえで，理由を自然主義的に理解可能な欲求とその促進という観点から分析する（なお，シュローダーの還元的分析は，対称的な数的同一性でなく形而上学上の非対称的な説明関係に基づくとされる）．蝶名林の論述は，関連する諸概念についての素朴な疑問（「自然的性質とは何か」など）に丁寧に応答しており，想定される多くの読者に歩調を合わせるものである．他方でそこに紙幅を割いたため，本章で紹介される理論が一つの還元的な自然主義にとどまったことは多少悔やまれるかもしれない．たとえば，この15年ほどで徐々に支持者を拡大させている強固な非自然主義（的実在論）は，本章では手短に触れられるのみである．本章のタイトル「自然主義と非自然主義の論争について」を踏まえると，非自然主義者（たとえばD.イーノック）にもフェアな論述があってもよかったかもしれないが，もちろんこれは限られたスペースしか持たないあらゆる論文の宿命である（本書評もしかり）．まして，シュローダー特有の毎度精密で入り組んだ理論の一つを日本語で手軽に，しかも詳しく知ることができるのはとても幸福なことである．

　第6章で秋葉剛史は，道徳的事実が（引力が天体の運動を説明するように）自然的事実を因果的に説明できるのかを，反実在論・自然主義・非自然主義それぞれの観点から詳細に検討している．各立場の言い分が偏りなく紹介され，付随性論証や不可欠性論証という他分野でお馴染みの議論や，直前で触れた非自然主義者（イーノック）による新しい論証までピックアップされていることから，本章の関心の幅は相当に広く，読者を限定しないものになっている．ただし，秋葉自身も最後に示唆するように，非自然主義側の近年の動きは，道徳的事実・性質の（非）実在性と結び付ける形で因果的説明について議論してきた論者に対し——おそらく本章の熱心な読者に対しても——「冷や水を浴びせる」（178）ものかもしれない．

　第7章で笠木雅史は，進化論的説明を使って道徳的懐疑論を導くいわゆる進化論的暴露論証を現代の認識論的な観点から再構成している．日本の読者にとって幸運なことに，ここまで暴露論証の認識論的断面を詳しく・簡潔にまとめてくれている文献は，実のところ英文でもほとんどない．さらに，信頼性や阻却可能性，敏感性，安全性などのよく知られた道具立てを積極的に用いることから，本章は現代認識論の「実践編」としての役割も果たすだろう．そのぶん想定される読者層（卒論を控えた学部生）が読みこなすには——具体例を用いた説明が少なく見えることも手伝って——かなりの忍耐を要するように思われるが（上枝美典著『現代認識論入門：ゲティア問題から徳認識論まで』（勁草書房，2020年）をぜひ手元に置くべきである），それでも暴露論証がメタ倫理学と認識論の特筆すべき交差地点となるということは十分に伝わるはずである．

　第8章で佐藤岳詩は，非認知主義と認知主義双方の近年の展開を，規範的判断を

めぐる意味・思考・対話の観点から概観している．中でも，この10年ほどでにわかに盛り上がっているハイブリッド理論や，日本でも注目度が高いT. M.スキャンロンによる理由の実在論（認知主義）が丁寧に解説されている．字数の都合上やむを得なかったと思われるが，A.ギバードとM.リッジによるフレーゲ・ギーチ問題への解決策の紹介は，簡潔すぎるためにそのラディカルさ（≒面白さ）が少し伝わりにくくなっているかもしれない（また，ギバードの提案が第10章の可能世界意味論を大きく改変したものであることにも触れてよかったかもしれない）．だが，本章は本書の中で最も読みやすく，しかも他章の論点を総合した内容を持つように思う．メタ倫理学の基礎を一通り学んだひとに「次に読むべき文献は」と問われたら，私は真っ先に本章を読むことを勧めたい．

　第9章で安藤馨は，非実在論に分類される錯誤説，虚構主義，相対主義的な主観主義を詳細に検討している．特に，私には初見の内容だった認識的錯誤説をめぐる一連の議論の紹介は大いに勉強になった．他方で，各理論の抱える問題（フレーゲ・ギーチ問題，不同意問題など）とその対処が解説される代わりに，各理論の主張内容・根拠が――本書の中で本章が最大の長さを誇るにもかかわらず――あまり説明されていないのはたしかに多少気がかりではある．だがその懸念は，上述の佐藤『メタ倫理学入門』（特に第三章）を事前に読み，非実在論のことをある程度知っている者に対しては杞憂にすぎない．この意味で，本章は若干の前提知識を要求するものだと思える一方で，数多くの論点に周到かつ丁寧に踏み込んでいる点では本書の「最前線」という名を最も体現する章である．

　第10章で和泉悠は，英語における*must*や*ought*などのいわゆる義務様相（「べき」）の意味論を解説している．様相論理から義務論理，そして（I.ハイムとの共著の教科書で有名な）A.クラツァーによる――量化される可能世界を二つの側面から制限する――様相理論へと至る説明はとても明快で，見事の一言に尽きる（脚注では初学者に優しいきめ細やかな配慮も見られる）．可能世界を量化せずに済む代替案については，哲学的観点からの補足があれば想定される読者の興味をより一層引いたようにも思われるが（対比主義は，いまや押しも押されもしない大物であるJ. シェイファーがことあるごとに頼るより一般的な見解の一種であることや，出来事の量化を伴う意味論は元を辿れば，邦訳が一通り揃っているD.デイヴィドソンに由来することなど），本章はメタ倫理学が言語哲学・言語学と密に連携する分野になりつつあることをうまく伝えてくれる．また，本章の後半にある日本語の「べき」の分析は，手短ではあるが示唆に富むものである．

　第11章で太田紘史は，道徳的な客観主義が支持されてきた背景を明らかにしたうえで，それがいわゆる実験哲学でどのように疑問視されてきたかを説明している．文化相対主義や道徳的不一致の実態，道徳に対する我々の一貫したコミットメントの有無などに関する実験が丁寧に紹介され，メタ倫理学の論争状況への影響が論じられる．本章は平易でありながら多くのひとの目を引くテーマを扱っているだ

けに，「メタ倫理に興味があるがどれから読めばわからない」というひとには，本章から読んでもらうのが最も効果的だと思われる．欲を言えば，実験哲学に内在する問題（問題設定や実験方法を適切にするのは存外難しいことなど）や，メタ倫理に関係するその他の道徳心理学・進化心理学上のトピックにも触れてほしかったが，それは――この書評全体でそうなのだが――欲張りすぎかもしれない．日本の研究者も参画する実験哲学的調査が増えつつある（しかも鈴木貴之編著『実験哲学入門』（勁草書房，2020年）も刊行されたばかりの）いま，本章は本書の最後を飾るにふさわしいタイムリーなレビューである．

　小言が過ぎたが，多様な論点と最新の議論を鮮やかに整理してくれる本書は，やはり贅沢な本である．本書の登場で，メタ倫理学を学ぶハードルは格段に低くなるだろうし，最近では本書の執筆陣よりさらに若い世代もメタ倫理学上の成果を続々と発表している．我が国におけるメタ倫理学の隆盛は，期待に違わぬ仕方で今後もますます勢いを増していくだろう（末筆となりましたが，本書評に対して的確なコメントをくださった小林知恵氏と蝶名林亮氏に深く謝意申し上げます）．

（横路佳幸）

補遺

『科学哲学』52巻2号にて
横路佳幸・高谷遼平 著「意味論的モンスターをめぐる近年の展開について」
の第1ページ（p.61）に次の脚注記載漏れがあったため補足します.

「2019年3月15日投稿，2019年8月9日再投稿，2019年12月13日審査終了」

第52回（2019年）大会（慶應義塾大学 三田キャンパス）記録

11月9日（土）

研究発表 （9:00-12:00）
　《A会場 （522教室）》(9:30-12:00)　司会：1-3　松本俊吉（東海大学）
　　　　　　　　　　　　　　　　　　　　　4-5　鈴木貴之（東京大学）
　1.明日誠一（青山学院大学）　女性はマイノリティと考えられる―「考える力」をつけるために（不）必要なものを事例研究から考察する―
　2.平田一郎（関西外国語大学）エナクティヴィズムとホワイトヘッドの知覚論
　3.三富照久（中央大学）　　　大出晁のアリストテレス研究について（科学哲学の立場から）
　4.佐藤真人（日本学術振興会特別研究員PD）
　　　　　　　　　　　　　　　エーテルの形而上学　デカルトとニュートンの自然哲学体系の一断面
　5.苗村弘太郎（京都大学）　　歴史科学の目的としての理解と物語的説明

　《B会場 （524教室）》(10:00-12:00)　司会：1-2　秋葉剛史（千葉大学）
　　　　　　　　　　　　　　　　　　　　　 3-4　古田智久（日本大学）
　1.源河　亨（慶應義塾大学）　レッド・ツェッペリンのユーモア，鑑賞における情動と知覚
　2.冨田雄揮（日本大学）　　　何が選言説を走らせるのか?―知覚の志向説と選言説における内容の個別性について―
　3.松本将平（東京大学）　　　知覚的認識に関するセラーズ主義者らの諸見解を比較・考察する
　4.池知翔太郎（東京大学）　　様相の形而上学における現実主義と必然主義

　《C会場 （527教室）》(10:00-12:00)　司会：1-2 岡本賢吾（首都大学東京）
　　　　　　　　　　　　　　　　　　　　　 3-4 村上祐子（立教大学）
　1.竹内　泉（産業技術総合研究所）
　　　　　　　　　　　　　　　〈ならば〉の意味論
　2.田中大海（慶應義塾大学）　様相演算子を持つ部分構造論理が決定不能であるための十分条件

3. 角田健太郎（首都大学東京）対称ラムダ計算の型規則と古典論理的推論
4. 鈴木　聡（駒澤大学）　　A Non-Archimedean Model of Logic of Gradable Adjectives

《D会場（532教室）》（10:00-12:00）　司会：1-2 伊勢田哲治（京都大学）
　　　　　　　　　　　　　　　　　　　3-4 田中泉吏（慶應義塾大学）
1. 薄井尚樹（三重大学）　　ロボット／AIにたいする態度はなにを意味するのか
2. 太田紘史（新潟大学）・笠木雅史（名古屋大学）
　　　　　　　　　　　　　功利主義は進化論的暴露から逃れられない
3. 高崎将平（東京大学）　　「自由意志」をめぐる論争対立をいかに理解すべきか？
4. 蝶名林亮（創価大学）　　道徳の規範性を身体化する？：民主的ヒューム主義の是非を見定める

理事会・評議員会・大会実行委員会（12:00-13:30）《会場：525-A教室》
総会〔石本賞授与式〕（13:30-14:10）《E会場：526教室》

シンポジウム（14:15-16:45）《E会場：526教室》
　「タイプ理論再考—Type, Abstraction, Classification」
　オーガナイザー・提題者：岡田光弘（慶應義塾大学）
　提題者：Jean-Baptiste Joinet（University of Lyon），
　　　　　佐藤雅彦（京都大学），岡本賢吾（首都大学東京）

特別講演（16:55-17:55）
　「裁判員の有罪無罪判断を左右する心理的要因」
　講演者：伊東裕司（慶應義塾大学）
　司会者：伊勢田哲治

懇親会（18:00-20:00）
　会場：西校舎1階　山食
　会費：一般5,000円　学生もしくは求職中の研究者3,000円
　　　　ただし，お酒を飲まない方は以下のとおり
　　　　一般4,000円　学生もしくは求職中の研究者2,000円

11月10日（日）

ワークショップ (9:45-12:00)
 Ⅰ.「観測・視覚化と実在」《C会場：527教室》
  オーガナイザー：伊勢田哲治（京都大学），
        大西勇喜謙（総合研究大学院大学）
  提題者：大西勇喜謙，山口まり（日本大学），伊勢田哲治

 Ⅱ.「Action and Agency after Davidson」《D会場：532教室》
  オーガナイザー・提題者：鈴木雄大（国際武道大学），
          Zoltan Istvan Zárdai（慶應義塾大学）
  提題者：佐藤広大（慶應義塾大学），島村修平（日本大学）

理事会・編集委員会・大会実行委員会 (12:00-13:00)《会場：525-A教室》

研究発表 (13:15-14:45)
 《A会場（522教室）》(13:15-14:45) 司会：金子洋之（専修大学）
 1.川居慧士（慶應義塾大学） 自然数についての哲学者の直観とはどういうものか
 2.菅崎香乃   意味盲には何が欠けているのか

 《B会場（524教室）》(13:15-14:45) 司会：鈴木生郎（日本大学）
 1.梶本尚敏（シドニー大学） 時間の経過の改訂主義
 2.山名　諒（京都大学） 「いつでもすべてのものは現在にある」とはどういうことか？

 《C会場（527教室）》(13:15-14:45) 司会：松阪陽一（首都大学東京）
 1.天本貴之（慶應義塾大学） 談話のダイナミックな性質を再考する
 2.山泉　実（大阪大学） 名詞句の"自由拡充"が抱える問題とその根源

 《D会場（532教室）》(13:15-14:45) 司会：横山幹子（筑波大学）
 1.八木厚夫   現象的意識の存在論的意味
 2.若林佑治（東京大学） 現象的概念戦略の批判的検討

ワークショップ（15:00-17:15）

Ⅲ.「機械学習・深層学習の哲学的意義」《C会場：527 教室》
オーガナイザー・提題者：鈴木貴之（東京大学）
提題者：植原亮（関西大学），大塚淳（京都大学）

Ⅳ.「教育の哲学の新たな可能性を探る」《D会場：532 教室》
オーガナイザー：立花幸司（熊本大学）
提題者：山田圭一（千葉大学），佐藤邦政（敬愛大学），
三澤紘一郎（群馬大学）

第52回大会 (2019年) シンポジウム報告

シンポジウム「タイプ理論再考—Type, Abstraction, Classification」が大会第1日目午後開催されて4人の提題者が次の題目で提題講演を行った.

Jean-Baptiste Joinet (リヨン第3大学哲学科, 非会員)
 "Indiscernibility, Abstraction and Classification"
 (Joint work with Thomas Seiller, LIPN, CNRS)
佐藤雅彦 (京都大学, 会員)
 "Classification and Abstraction in Mathematics"
岡本賢吾 (首都大学東京 (現東京都立大学), 会員)
 "Why making Propositions and Proofs into Objects?"
岡田光弘 (慶應義塾大学, 会員)
 "Types and Equality - Case Study with Inductive Types, (with Wittgenstein's view point)

本年度「科学哲学」53巻2号テーマ記事として上記提題者達が論文を寄稿する予定である. 本シンポジウムに関するより詳しい議論はそこでなされる予定であるので, ここでは簡単な形で記録しておく.

型理論と哲学の関係を再考した. 型概念を取り巻く抽象・分類などの考え方について哲学的・論理学・計算機科学的な観点から検討し直すことを目指した. また, 論理学史的源泉, 計算論史としての型理論の源泉も踏まえつつも, 新しい視点からType, Abstraction, Classificationを捉えることを目指した.

Joinet氏は, Peano学派のDefinitions by Abstractionを議論の手がかりとし, Russellによる批判を通じて, abstraction operatorを同値類と解釈することのメリットとデメリットを議論した. 伝統的 (monadic predicateに対する) indiscernibility概念を二項関係によるrelational indiscernibility概念に拡張し, この概念により同値類概念をrelational indiscernibility概念で置き換えると, Definition by Abstraction (Abstraction Principle) は, indiscernibilityに関する関係により表現できることとなることが示された. (ここで, Abstraction Principleの同値関係Rがrelational indiscernibilityの定義におけるRとして用いられる. このようなindiscernibilityの形でabstractionを表現することの意義が論じられた. Rを同値関係に限定しない場合にもabstractionを捉えるこ

とを目的として，同値関係に内在するpartition概念，classification概念を基に，理論の一般化が試みられた．また，この枠組みの延長において，関係的に否定的演算子が導入され，typesが構成なされた．そのうえでtype概念の位置づけについて論じられた．

佐藤氏は，数学におけるclassificationとabstractionについて，証明支援系開発の観点から議論した．現在開発中の証明支援系が特にIntensional Class Theoryをベースにしていることが紹介された．ある共通の性質をもつ数学的諸対象のcollectionを得るプロセスとしてclassificationを捉える．そのようなcollectionはclassと呼ばれる．数学はComputationのレベル，Metamathematicsのレベル，Ordinary mathematicsのレベルに分かれるが，佐藤氏の証明支援系はこれらすべてをカバーしていることが述べられた．数学が社会的人間の言語的な動的活動であるという前提に立つことが述べられ，そのような動的な中で支援系のClassificationがなされることが強調された．一方で，上記最初の2つのレベルはHilbert finitismの立場で証明支援系のデザインが出来ていることも注意された．Abstractionについては，John McCarthyのabstract syntaxの有用性が注意された．

岡本氏は，なぜ数学は受け入れ可能なのかという哲学的問題に答えようとするならば，数学に登場する諸対象とそれらを支配する諸原理を極力トータルに形式化する必要があり，とりわけ，対象，数，関数，命題，証明といったメタ概念（形式的概念）を，対象言語の中で十全に取り扱うことが求められるが，そのようなトータルな形式理論においては，これらのメタ概念を没タイプ的に扱う，あるいは単一のタイプ（普遍タイプ）として扱うことがおそらく不可避となると考えられると主張した．この観点から，ゲーデル化の技法，フレーゲ構造などの意義を捉え直すことが可能ではないかという示唆を与えた．

岡田はInductive typeを論理主義的高階非可述的定義と対比させ，直観主義及び計算機科学の型言語における役割を再考した．Wittgensteinによるケンブリッジ講義などで示されたInductive Typeの消去規則に相当する等号的表現（およびそのLambekらによる高階の場合への拡張）の等号言語論的意義について議論した．Inductive Typesの消去規則を等号的に表現することは，通常型推論の背後にあると想定されている「論理」が切り離されえることを意味し，カリー＝ハワード同型の捉え方についての新たな視点を与え

る．この文脈で，論理，等号，及び論理に関わる abstraction operator の関係
の問題が言及された．

（オーガナイザー　岡田光弘）

Ⅰ．「教育の哲学の新たな可能性を探る」報告書

「教育」は古来より洋の東西を問わず哲学の重要なトピックとして論じられてきた．他方で，*The Oxford Handbook of Philosophy of Education* (2009, OUP) の編者であるH. Siegelが同書の序文で指摘しているように，20世紀中頃以降，哲学が教育哲学を「無視 (neglect)」してきたことで，現在では哲学と教育哲学のあいだの関係は冷え切っていると言われている (Siegel ed. 2009)．同様に，日本においても，両者のあいだには乖離があるという調査結果も報告されている (Tachibana 2017)．そこで，このワークショップでは，教育を哲学すること，そしてそれをつうじて哲学と教育哲学のあいだに，学術的に生産的な関係をふたたび形成することの新たな可能性について，三名の提題者を招いて検討した．企画者である立花幸司による本ワークショップの趣旨説明と三氏の紹介ののち，三氏からは概ね以下の提題がなされた．

最初の提題は，群馬大学の三澤紘一郎氏による**「変容・社会化・第二の自然：哲学の教育的要素と教育の哲学的要素」**である．氏は，主に英語圏における教育哲学の現状をその研究の歴史に立ち返って現在に至るまでをサーヴェイすることで，哲学（特に分析哲学）と教育哲学のあいだの乖離を浮き彫りにした．そして，第二の自然を提唱する哲学者ジョン・マクダウェルの思想を手がかりに，それを教育哲学につなげる試みを論じながら，哲学と教育哲学の架橋について提題をおこなった．

つづいて，敬愛大学の佐藤邦政氏による**「教育の認識的目的論：フェミニスト認識論アプローチの提案」**である．氏は，教育にかかわるさまざまな認識的問題を扱う教育認識論の領域を取り上げ，社会認識論や徳認識論などを取り込みつつ，議論が展開されていることを紹介した．そして，教育の認識的目的とは何かという問いに注目し，教育と学びの区別やフェミニスト（社会）認識論の知見を取り込むことで，関係性のなかで学んでいく先にある成熟した認識主体が教育の認識的目的であると論じ，問題提起をおこなった．

最後に，千葉大学の山田圭一氏による**「学校で学ぶ知識に価値はあるのか？　新学習指導要領を認識論的に分析する」**である．氏は，自身が携わってきた新学習指導要領作成の経験を踏まえながら，学校で何を教え何を学ぶべきかという課題を認識論的観点から考察した．そして，知識という概念の多義性・多様性を指摘し，増えるものとしての知識ではない，深まるものと

しての理解を析出することで，哲学的な概念分析を通じた学校教育の哲学としての教育哲学の可能性を提示した．

　このように，いずれの提題も，各々が取り組んできた研究を背景に，一方でフェミニズムとの関係や教育改革などの現代の社会の特徴を，他方で現在の哲学・教育哲学双方の研究動向をふまえつつ，現代において教育を哲学することの可能性をそれぞれの視点から「架橋」するかたちでなされた．そして，三氏の提題を受けたのち，会場に集まってくださった参加者の方々との自由闊達な議論がなされた．結果，本ワークショップを通じて，「教育について哲学すること」の重要性について再確認するとともに，その重要性について問題提起をおこなうことができたと考える．

　この議論をさらに成熟させるべく，本ワークショップで提題者となってくださった三氏，そしてさらに教育実践に深く携わってきた二名の研究者にも分担者として加わっていただくかたちで，2020年度より**「哲学，教育哲学，教育実践を架橋した共同研究による新たな徳認識論の理論の構築」**と題した研究プロジェクトを始動させている（科研費基盤B：20H01178）．四年間にわたるこのプロジェクトの目標は，理論と実践に目配りがなされた新たな徳認識論の理論を構築することであるが，このプロジェクトを通じて，哲学と教育哲学のあいだにできてしまっていた溝をさらに埋め，両者のあいだに，学術的に生産的な関係を再び構築することにも寄与できればと考える．本プロジェクトの成果については，本学会でもあらためて報告できれば幸いである．

（立花幸司）

II. 「観測・視覚化と実在」報告

オーガナイザー
伊勢田哲治（京都大学）・大西勇喜謙（総合研究大学院大学）
提題者
大西勇喜謙「科学的実在論論争における観測装置をめぐる議論」
山口まり（日本大学）「転位の実在とその可視化－透過型電子顕
微鏡による転位の観察」
伊勢田哲治「科学における視覚化と存在論的コミットメント：ブ
ラックホール画像の事例から」

　2019年4月に国立天文台を含む国際プロジェクトが「銀河の中心にあるブ
ラックホールの撮影に成功した」と発表し，画像を公開した．くっきりと黒
い円形が浮かび上がったその画像は見るものに強い印象を与えたことは間違
いない．しかし，この画像を得たことによってわれわれはブラックホールを
「見た」といえるのだろうか．また，この画像のような形でブラックホール
が視覚化されたことは，観測されたブラックホールの実在についてのわれわ
れの信念にどのような影響を与えるだろうか．本ワークショップでは，この
事例に触発されつつも，より広く，科学における観測や視覚化と実在の関係
を考察した．
　科学的実在論論争においては，肉眼での観察可能性が（いろいろな立場が
ありつつも）現代にいたるまで大きなテーマとなってきている．この「肉
眼」へのこだわりは古典的な実在論論争における現象主義やセンス＝データ
論の残滓という見方もできる．つまり，「ある」かどうかは不確かだが「あ
るように見える」ことは確か，という考え方である．この考え方は，いわゆ
る「所与の神話」の崩壊と共に科学哲学では支持されなくなったはずではあ
るが，なにかしらそれに類することが成り立つはずだという根強い感覚が
「観察可能性」を焦点化する科学哲学の伝統を支えているのであろう．
　現在の科学哲学においても肉眼の重要性を擁護する議論は存在する．他方，
より広い意味での観察や観察可能性はたしかに科学者やわれわれがあるもの
の存在を受け入れる上で重要なファクターになっているように見える．本
ワークショップは，観察や視覚化は存在の受け入れにおいてどうして重要な
のかを具体的な事例を踏まえながらもう一度考え直すものとして企画された．
　まず大西は，科学的実在論論争において，観測装置についてどのような議
論がなされてきたのかを論じた．科学的実在論と一口に言っても，立場はさ

まざまであり，その立場に応じて観測装置の信頼性の考え方も異なる．
HackingやKitcherは観測結果の一致や整合性を観測装置を信頼するための
根拠として重視するのに対し，HumphreysやGiereは装置の仕組みについて
の理論や視点の役割をむしろ重視する．こうした実在論者側に対し，反実在
論側のVan Fraassenは観測装置を観察者が共有することのできる像という意
味で「公共幻影」を生み出す装置として捉える．こうした観測装置の捉え方
についての議論は，実在論における視覚化や観測装置の価値を考えるといっ
た方向で捉えるのが生産的ではないかという示唆を大西は行った．

　山口は透過型電子顕微鏡（TEM）を使って転位と呼ばれる現象がどのよう
に観測され，その実在性がどのように受け入れられるようになっていったか
を科学史的に跡づける提題を行った．転位は金属の塑性変形にまつわる性質
を説明するために導入された概念で，原子配列の不規則性を指す．物理学者
は興味をもってさまざまな転位の理論を考案したが，金属学者たちはそうし
た現実味の薄い仮説にあまり興味をもたなかった．しかし，その後，TEM
を使って転位を観測しようと，さまざまな工夫が行われることになる．特
に，1956年になって，転位を直接観測したと主張する観測報告があいつい
で行われ，金属学者たちも転位という原子レベルの現象を受け入れるように
なっていった．1956年の観測については，その信頼性についての議論が後
から生じるが，一旦成立した転位の実在についての信念はそれによっては揺
るがなかった．金属学者たちにとっては「直接」の観測が行われたことが重
要であったが，観測の理論的な細部はあまり重要ではなかったようだ，とい
うのが山口の結論であった．

　伊勢田は冒頭でも触れた「イベント・ホライズン・テレスコープ（EHT）
プロジェクト」を事例として，科学的実在論における観察可能性をめぐる議
論と視覚表象の哲学を接合することを試みる．EHTは世界の8つの望遠鏡
による観測を相互に干渉させてバーチャルな巨大望遠鏡を作るというプロ
ジェクトで，観測対象としてはM87銀河の中心にあるとされるブラック
ホールが選ばれた．欠損する部分をスパースモデリングという手法で補った
画像は，ブラックホールシャドウについてのシミュレーション結果と近いも
のであったため，プロジェクトはブラックホールの撮影に成功したと結論し
た．この事例について科学的実在論論争の観点から分析した論考として野内
玲によるものがあり，野内はこの事例における画像は「途中で干渉がない」
という意味で一種の直接観察としての性質を備えていると論じる．しかしそ
れだけでは可視化の持つ意味あいが十分に捉えきれているとは言い難い．そ
の面については視覚表象の哲学におけるさまざまな議論が参考になる．伊勢

田は画像というものの持つ情報量の多さによって，議論における前提として画像表象は言語表象よりも強力な働きをすることができ，また，de Regtのいう意味で理解可能な（定性的な結論を導ける）モデルとしての性格を持つ画像であるからこそ，シミュレーションと観測結果の一致から強い結論を導き出すことができると示唆する.

　これらの提題に対して，会場からは，科学哲学的な面と科学史的な面の両方からさまざまな質疑が行われた．オーガナイザーとしてはこのワークショップから，科学における視覚表象は，科学哲学と科学史が協力して研究することのできるテーマとして有望だという手応えを得た.

・・・・・・・・・・・・・・・・・・・・・・・・・・・・・・・・・・・・・・・

Ⅲ. Action and Agency after Davidson

Roughly speaking, the history of the philosophy of action can be divided into four phases: 1. (1955-70) the spelling out of the anti-causal theory (cf. Hampshire, Melden, Anscombe, von Wright), 2. (1963-1990) the emergence of the causal theory (cf. Davidson, Goldman, Hornsby, Brand, Mele, Bratman), 3. (1965-70) the first phase of agent-causal theory (cf. Chisholm, Richard Taylor), and 4. (1995-) recent metaethics-inspired theories (cf. Michael Smith, Jonathan Dancy).

In recent years parallel to phase 4, we witnessed the renaissance of phases 1-3. First, the rediscovery of Anscombe's work focuses on practical (self-) knowledge (cf. McDowell, Setiya, Ford). Shuhei Shimamura's talk developed themes in this line of research. Second, the causal theory has been lately reformulated from the perspective of the cognitive psychology and neuropsychology, and Kodai Sato's talk discussed this. Finally, the renewal of the agent-causal theory was dealt with by Istvan Zardai and a specific form of the agent-causation, i.e., the causal powers approach, by Yudai Suzuki.

By way of introduction, Zardai presented the results of a survey of current and future directions of Philosophy of Action based on 45 interviews he conducted with leading researchers in the field. The field's attention has shifted from the almost exclusive focus on Causal Theories of Action (CTAs) to new versions of Agent Causation. Philosophers are also becoming more inclined to engage in empirically informed research. The implications of action theory are also explored in more detail in ethics. Overall, the field is maturing and diversifying.

The aim of Shimamura's talk "Substantial Self-Knowledge in Practical Deliberation" was to shed light on a certain type of self-knowledge that is often neglected in the literature but nonetheless seems to play an important role in practical deliberation, which he called *substantial* self-knowledge. In the literature, knowledge of our own beliefs is often treated as the paradigm of attitudinal self-knowledge. This kind of self-knowledge seems non-substantial in that it does not make sense from the first-person perspective to say, "I am not sure whether or not I believe ...." In Shimamura's view, however, not all attitudinal self-knowledge should be assimilated into this non-substantial class of self-knowledge. In his talk, he claimed that the self-knowledge of desire is substantial. He claimed that we sometimes deliberate about how to obtain self-knowledge of our own specific desires, which does not make sense in the case of non-substantial self-knowledge. He also pointed out that obtaining such self-knowledge can then affect our practical deliberation in a significant manner. Thus, Shimamura suggested that substantial self-knowledge can shed new light on a previously ignored aspect of our practical deliberation.

Research in the philosophy of action these days often interacts with the cognitive psychology and the neuroscience of action. In this context, Sato's talk "Tackling the Interface Problem" discussed the interface problem, known from the work of Elisabeth Pacherie. Pacherie introduces in her work motor intentions, intentions which have *non-propositional* form and which cause *propositional* present-directed intentions as well as intentional actions. How can present-directed intentions successfully coordinate with motor intentions, while their form and content are different? Sato's answer was that the form of motor intentions is actually also propositional, so we can easily explain the coordination between present-directed intentions and motor intentions. Sato supported this answer by invoking the insights of conceptualism in the philosophy of perception, according to which both the content of perception and the content of belief are conceptual, and this is why it is possible to give reasons for holding certain beliefs based on perceptions. The audience asked helpful questions, for example the followings ones: "What is the motivation for introducing the motor intention?", "What is the difference between your answer and the extant answers to the interface problem?", "Is the coordination between a present-directed intention and a motor intention just causal?", etc.

Zardai argued in his talk, "When We Move", that recent versions of Agent Causation can solve the main issues facing CTAs, like Deviant Causal Chains, Disappearing Agents, and oversimplifying the structure of actions. However, Agent Causation still needs more elaboration and its metaphysics is debated. Zardai focused on Michael Brent's version of Agent Causation to illustrate a common problem of Agent Causal positions, namely that they claim that actions are instances of the causing relation. This idea cannot accommodate the temporal features of actions – relations obtain, whereas actions occur or take place –, and the changing nature of complex actions – relations are defined by the relata and the quality of their connection, while occurrences are defined by their location, time, participants, causes and effects. A member of audience argued for the continued viability of CTAs, and one member insightfully proposed a further point of possible criticism of Brent's view.

In Suzuki's talk "Intentions, Embodiment, and Causal Powers" he tried to give a rough picture of the relationship between conflicting theories in the philosophy of action, those in the philosophy of mind, and those in the philosophy of causation. In these three philosophical fields, there are what are considered to be the standard theories: the causal theory of action, the mind/brain token identity theory, and the Humean theory of causation. The aim of his talk was to point out the affinity between the *non-standard* theories in the three fields. These three theories are an anti-causal theory of action, the embodied cognition view, and the causal powers theory. Additionally, Suzuki suggested that while all three standard theories are to be approached from the third-person perspective, all three non-standard theories are to be approached from the first-person perspective. If an anti-causal theory of action argues that an intention and an action are not two distinct events related causally, but one unified process, then this theory has some affinity with embodied cognition which claims that all mental events including intentions are embodied, i.e., unified with bodily movements. The causal power theory can understand this embodiment to be the process of the power (or the disposition) of mental intentions being manifested. This kind of unified process is something that can only be approached from the first-person perspective.

(Istvan Zoltan Zardai and Yudai Suzuki)

Ⅳ. 「機械学習・深層学習の哲学的意義」報告

オーガナイザー：鈴木貴之（東京大学）
提題者：鈴木貴之（東京大学），大塚淳（京都大学），植原亮（関西大学）

　深層学習をはじめとする一連の手法が登場したことで，過去10年ほどの
あいだに，人工知能研究はふたたび大きな進展を見せている．研究者の中に
は，深層学習は知能の基本的な原理であり，真の人工知能を実現するための
鍵だと考える人もいる．

　深層学習，あるいはそれを含む機械学習の哲学的重要性は，人工知能の哲
学にとどまるものではない．深層ニューラルネットワークはそもそも何をし
ているのか，そこで行われている情報処理は従来の統計的分析とどう異なる
のかは，統計学の哲学における重要な問題である．また，知的道具として考
えたときに，深層ニューラルネットワークにどのような可能性があるかは，
認識論における重要な問いである．

　本ワークショップでは，このような事情を背景として，心の哲学，統計学
の哲学，認識論という3つの観点から，深層学習・機械学習の哲学的意義を
多角的に検討することを試みた．

　まず，鈴木貴之は，認知科学の哲学・人工知能の哲学の観点から，深層学
習の哲学的意義を検討した．認知科学の哲学・人工知能の哲学における従来
の論争図式は，認知の本質を記号計算と考える記号計算主義と，ある種のパ
ターン変換と捉えるコネクショニズムの対立だったが，深層学習は後者を
アップデートする道具立てとみなすことができる．深層学習は，人間の知覚
過程などを理解するためのモデルとしては説得的だが，人工的なネットワー
クが持つ一連の特徴に生物学的な妥当性はあるか，より高次の認知過程がも
つ体系性などを説明可能かといった点については，議論の余地が残されてい
る．また，深層ニューラルネットワークによる汎用人工知能の実現に向けて
は，大量のデータを利用できない課題や異なる領域にまたがる知的課題にど
う対処できるかといった問題が残されている．

　大塚淳は，古典的な統計学と機械学習を，それぞれの背景にある存在論と
認識論の観点から比較した．古典的な統計学においては，統計的推論を行う
際に何らかの確率分布を前提とした上で，それを近似する「自然種」として
の分布族を導入し，それを推定することで帰納推論を行う．機械学習の主要
なアプローチである因果推論と深層学習は，古典的な統計学を異なる方向に
展開させたものと考えることができる．因果推論では，因果関係に関するよ

り強い存在論的想定を課すことにより，反事実的な推論を行う．これに対して，深層学習では，大量のパラメータと多層の構造によって，特定の分布を想定しない，より柔軟な推測が可能になる．しかし，深層学習には，存在論的な仮定なしに確率種を発見することはどこまで可能か，モデルの信頼性に関する理論的な担保なしに推論を行うことは認識論的に許容可能か，といった問題が残されている．

　植原亮は，機械学習・深層学習と知的創造性の関係を検討した．機械学習・深層学習に関する認識論的問題としては，深層学習ネットワークは知識をもちうるか，これらは人間の認識のモデルとなりうるかといった問題があるが，これらは知的創造性をもちうるかということも重要な問題である．マーガレット・ボーデンは，創造性を，新しく，価値のある，驚くべきアイデアを生み出す能力と定義し，新しさと驚きをもたらすのは，結合的過程・探索的過程・変形的過程であると論じている．深層ニューラルネットワークの情報処理はまさにそのような過程であるため，人工知能も創造性をもちうると考えられる．しかし，現在ではその能力は領域特異的であり，人間が備える霊感的な創造性をもちうるかどうかは明らかでない．それゆえ，知的創造活動における人間と人工知能による分業の可能性を検討することも重要である．

　これらの提題に関して，参加者からは，深層ニューラルネットワークのブラックボックス性をどう考えるべきか，深層学習と行為の関係はどのように理解すべきか，深層学習の信頼性を評価することは可能か，機械学習の社会へのインパクトを考えるうえで過去に学ぶことはできるか，創造性には人間による理解可能性は不可欠か，といった数多くの質問が提出され，活発な議論が交わされた．

　一連の提題と議論から明らかになったのは，機械学習・深層学習の可能性と限界を適切に評価するためには，従来の理論や手法との類似点・相違点を明確化する必要があること，機械学習・深層学習には人工知能研究を超えた多様な可能性があるが，克服すべき課題も数多く残されているということである．

投　稿　規　程

1．テーマ

　科学哲学および関連諸領域に関するもの．但し，関連諸領域の専門的な内容を扱うものに関しては，専門分野以外の会員も原稿の主旨が理解できて，関心を抱きうるようなもの．

2．投稿資格

　(1) 当年度までの会費を納入済みの日本科学哲学会会員に限ります．

　(2) 同一著者が同時に 2 篇以上を投稿したり，投稿中の原稿の審査結果が出る前に別の投稿をすることは認めません．

　　　ただし，単著論文と（他の会員との）共著論文は投稿可能です．また，共著論文については，共著者（会員に限る）が異なる場合は複数の論文を投稿可能です．

　(3) 原稿は未公刊のものに限ります．他誌（外国語誌を含む）に投稿中のもの，掲載予定のものも投稿することはできません．また，本誌掲載後（投稿中も含む）は他誌への投稿を禁じます．
　　　※非会員との共著原稿の場合は，共著者のなかの会員は上記の投稿資格を満たすようにしてください．

3．原稿の種類

(1) 「論文」

  (1-1) 「自由応募論文」：会員が自らテーマを自由に設定した通常の論文.

  (1-2) 「サーヴェイ論文」：特定分野での現在の研究状況・研究課題を紹介し，会員への情報提供に資することを狙いとする論文. 但し，編集委員会の判断で，著者の了解を得た上で「自由応募論文」として投稿されたものの中から採用することもあります.

(2) 「研究ノート」：オリジナルな着想について，なお細部の詰めは残っているとしても討論に付して，会員からのコメントを求める論文.

(3) 「討論」：本誌に掲載された論文（書評等を含む）についてのディスカッション.

(4) 「提言」：研究，教育，学会活動に関する意見，提案.

4．使用言語

「論文」，「研究ノート」，「討論」，「提言」は日本語もしくは英語とします.

5．原稿の書式

(1) ブラインド・レフェリー制を徹底するため，原稿の著者を特定しうる表現（例えば，「拙著」，「拙論」）は使用しないでください.

(2) 著者氏名や所属については，投稿用調書にのみ記述し，原稿には一切記述しないでください. また表紙を添付する必要はありません..

(3) 注は，本文末に一括してください.

(4) 書誌情報は注に記さずに，注の後に文献表を設けてまとめて記してください.

(5) 「論文」冒頭には，論文タイトル（日本語論文の場合には英語のタイトルも）および英語100語程度の「アブストラクト」を記してください.

(6) 投稿時の1行の字数，1ページの行数は自由ですが，読みやすい形式としてください. 但し，原稿作成にTeX形式を使用する場合は，必ず本学会ウェブサイトに掲載されているテンプレートを用いて原稿を作成して下さい.

(7) 文字サイズは，題名や注を含め，すべて10.5ポイントとします. さらに英語原稿の場合は，フォントはcenturyかtimes（それがない場合は，類似のフォント）としてください.

6．原稿の分量

(1) 「論文」の長さは，原則として和文の場合2万字以内（ただしアルファベット等の半角文字は0.5字と換算してよい），英文の場合は8,000語以内とします. いずれの場合も，必ず字数ないし語数を論文の末尾に付記してください. この字数には，題名，アブストラクト，数式，表，注，文献表など一切を含めて下さい. 初回投稿時に制限字数を超えたものは審査対象としません.

  なお，字数・語数のカウントが難しい場合は，1行34字×35行（本学会ウェブサイトに掲載されているテンプレートはこの形式になっています）の書式で20ページ以内に収められた原稿を提出することでも字数制限を満たしたものとみなします. この場合，原稿が指定の書式に従っていることを必ず末尾に付記して下さい.

(2) 「研究ノート」「提言」は和文5,000字，英文2,000語以内，あるいは指定の書式で5ページ以内，「討論」は和文3,000字，英文1,200語以内，あるいは指定の書式で3ページ以内とします. その他の点については「論文」と同様です.

7．提出様式

(1) 投稿の際には，次の (a) (b) を事務局に提出してください. 両方が揃ったときに，正式な投稿として受け付けます.（なお，手書きで執筆の方は，個人で対応していただくか，あるいは事務局にご相談下さい.）

  (a) ワープロないしTeXテンプレートで作成した原稿をPDF形式に変換し，PDFファイルの

みをメールで送付（マイクロソフトワード形式の場合はワードファイルの送付でも可）.
メールが使用できない方は，Windows用フォーマットのメディア（CD・フラッシュメモリーのいずれか）に保存した上記ファイルを郵送.

 (b) 本学会ウェブサイトに掲載されている「投稿用調書」に所定事項を記入してメールで送付，あるいは1部を郵送.

(2) いただいた投稿原稿に文字化けやフォーマットのくずれの恐れがある場合などは，論文本体をプリントアウトしたものを送付願う場合があります. 該当する場合は投稿後事務局より連絡いたします.

8. 投稿受付

随時，投稿を受け付けます.

9. 投稿先

メールの場合：日本科学哲学会事務局 philsci@pssj.info　宛. 件名を「『科学哲学』投稿」として
ください.

郵 送 の 場 合：当年度の「日本科学哲学会事務局」宛. 表に「『科学哲学』投稿」と朱書してください.

10. 審査

掲載の可否は，学会誌編集委員会がブラインド・レフェリー制により判定します. 原稿によって審査の進行状況が異なりますので，審査結果の通知は随時行います. ブラインド・レフェリーによる審査は，投稿された「論文」，「研究ノート」，「討論」，「提言」について行います. 編集委員会の審議を経て本学会より執筆を依頼した原稿（招待論文，書評，その他）については，原則としてブラインド・レフェリーによる審査は行いませんが，編集委員会より修正等の提案のコメントをつけることがあります. ただし，以下の場合には，依頼原稿でも，投稿された「論文」と同様のブラインド・レフェリー制による審査が行われます.

(1) 依頼した書評が，「論文」として扱うのが適切な内容となった場合.

(2) 依頼した招待論文の著者が，「論文」としての審査を希望した場合.

11. 掲載決定原稿

掲載が決定した原稿については，次の (a)，(b)，(c) を事務局に提出してください.

 (a) A4用紙に印刷した原稿1部を郵送.

 (b) 原稿のワープロ用ファイルと（可能ならば）確認用PDFファイルをメールで送付. メールが使用できない方は，メディア（CD・フラッシュメモリーのいずれか）を郵送.

 (c) 本学会HPに掲載されている「著作権に関する承諾書」に所定事項を記入・捺印して1部を郵送.

12. 校正

編集委員会による審査を経ていますので，校正時に大幅な修正は認められません. 字句の訂正など，軽微なものにとどめてください. 校正は2校までとします.

13. 原稿料と抜刷

原稿料は差し上げません. 抜刷は30部無料，31部以上は有料（10部につき1,000円）です. 抜刷を31部以上希望する場合は，校正刷返却時に印刷会社へお申し込みください.

14. 提出物の返却

掲載の可否にかかわらず，応募原稿やメディアは返却しません.

15. 著作権規程

『科学哲学』に掲載された論文の著作権については「日本科学哲学会 著作権規程」（平成20年10月18日制定）にそって処理されますので，そちらも投稿の際にご参照ください.

編集後記▶本号には，若手研究助成報告論文1篇，査読論文5篇（うち，自由応募論文4篇，書評論文1篇），書評1篇が収められている．また，昨年度の第52回大会記録関係記事も収められている．

　前号の編集後記で話題にした，学会の年次大会の遠隔形式開催が現実のものとなった．新型コロナウイルス感染対策のため，本学会10月の第53回大会は基本的にすべて遠隔会議形式セッションと決定された．質疑応答も含めてリアルタイムで行われる．すでに遠隔形式は今年春以来，国内外の諸学会で取り入れられてきており，それらのノウハウも参考にできるので，大きな支障はなく遂行されることであろう．（この編集後記は大会プログラム発表直前に書かれており，また本号の発刊は大会直前となる予定である．）すでに遠隔形式で進められた他の学会のノウハウがあるとはいえ，本学会特有の事情もあり得るので，小さなハプニングなどが生じるかもしれない．とくに「予想以上にうまくいった」というようなポジティヴなハプニングが多く起こることを期待したい．

　前号の編集後記では，「シンポジウム（饗宴）」が学術交流の重要な位置にあり，年次大会における懇親会の重要性は今後も続くであろうことを述べた．しかし他方で，本年度進行中の遠隔会議形式のメリットも見逃せない．大会開催地に移動することなく学術行事に参加し活動できるのは魅力的でもある．新型コロナウイルス感染問題を乗り越えたあとの新しい社会の中で，学会形式も変わっていくかもしれない．対面形式と遠隔形式の両方のよいところを組み合わせたハイブリット大会形式となっていくのかもしれない．

　前々号の編集後記では，学術誌のオープンアクセス化について議論した．「科学哲学」誌の場合は，J-Stage上で購読料無料で読めるので，限りなくOpen Access誌といえることに言及した．これまで「科学哲学」電子版のJ-Stage掲載日は冊子の実際の発行日より何か月か遅れることが多かった．今回，電子版掲載日と冊子発行日を同日とすることとなった．このことにより本誌の電子版はAPC（雑誌掲載料）も雑誌購読料も無く，発刊日からの遅延も無い，本当の意味でのOpen Access Journalとなったといえる．次の段階として本誌は，著作物のより自由な流通を目指すこととなる．

（岡田光弘）

日本科学哲学会会則（現行）

1997年11月15日改正
1998年 4 月 1 日施行
2010年11月27日改正
2011年 4 月 1 日施行
2016年11月19日改正
2016年11月19日施行

第 1 条　本会は日本科学哲学会（欧文名 Philosophy of Science Society, Japan）と称する.

第 2 条　本会は科学哲学および関連諸領域に関する研究の推進と交流を目的とする.
　　　　その目的を達成するため，次の事業を行う.
　　　　1　年次大会および研究会の開催.
　　　　2　機関誌の発行.
　　　　3　その他目的達成に必要な事業.

第 3 条　本会の会員は正会員，準会員，賛助会員，名誉会員とする. 入会，退会，身分の変更に関しては理事会の承認を必要とする.
　　　　1　正会員は四年制大学卒業もしくはそれと同等の資格ありと理事会が認定した者とする.
　　　　2　準会員は前項（第3条1）に該当しない個人とする.
　　　　3　賛助会員は本会の趣旨に賛同する個人もしくは団体とする.
　　　　4　正会員のみが，評議員および役員の選挙権および被選挙権を有する.
　　　　5　以下の三項のいずれかに該当する70歳以上の正会員は名誉会員となることができる.
　　　　　　但し，以下のいずれかに該当する者でも，本人の希望があれば正会員の身分にとどまることができる.
　　　　　　(1) 会長を務めた者
　　　　　　(2) 理事を 4 期12年以上務めた者
　　　　　　(3) 本会に対して特段の功績があると理事会が認定した者
　　　　　　名誉会員には，以下の条項が適用される.
　　　　　　(1) 名誉会員は，学会費を免除される.
　　　　　　(2) 名誉会員は，選挙権および被選挙権を有しない.
　　　　　　(3) 名誉会員は，機関誌に論文を投稿すること，並びに年次大会において研究発表を行うことができる.
　　　　　　(4) 名誉会員には，機関誌，プログラム等が配布される.

第 4 条　本会は毎年一回定例総会を開催する. ただし，必要がある場合には臨時総会を開くことができる. 総会の召集は理事会の決定により会長がこれを行う. 定例総会においては，年間事業報告，および会計報告が行われなければならない.

第 5 条　本会に評議員会をおく. 評議員会は会長が召集し，本会の重要事項を審議し，その活動を助成する.
　　　　1　評議員は会員の選挙によって40名を選出し，その任期は 3 年（4月1日から 3 年後の 3 月31日まで）とする.
　　　　2　任期開始時に満70歳以上となる者は，評議員選挙における被選挙権をもたない.
　　　　3　評議員会は毎年一回これを開催する. その他必要に応じて開催することができる.

第 6 条　本会に下記の役員をおく. 役員は，会長，理事，監事とし，その任期は 3 年（4月1日から 3 年後の 3 月31日まで）とする. 再選を妨げないが，会長および監事は通算 2 期まで

とする．任期開始時に満70歳以上となる者は，役員選挙における被選挙権をもたない．

    1   会長   1名   会長は本会を代表し，会務を統率する．会長は理事の互選によって選出される．会長においてその職務の執行に支障あるときは会長代行をおくことができる．会長代行は理事の中から選出され，かつ，理事会の承認を得るものとする．また，会長代行の任期は会長の任期を越えないものとする．

    2   理事   18名   理事は会長を補佐し，本会の運営に当たる．理事は評議員の互選によって選出される．会長はこのほかに事務局担当理事，および総務担当理事各1名を追加指名することができる．

    3   監事   2名   監事は本会の会計を監査し，その結果を総会において報告する．監事は評議員の互選によって選出される．

第7条   役員はすべて無給とする．会務の遂行を助けるため，幹事，または有給の事務職員をおくことができる．

第8条   顧問として学識経験者若干名を理事会の推薦によって，会長がこれを委嘱することができる．

第9条   本会に下記の委員会をおく．

    1   学会誌編集委員会

    2   年次大会実行委員会

    3   その他，必要に応じて，企画委員会など各種委員会をおくことができる．

    4   各委員会委員および委員長は理事会の議を経て，会長がこれを任命する．

第10条   本会会費は年額   正会員6,000円，準会員3,000円，賛助会員は一口10,000円以上とする．

第11条   会費未納2年におよぶ者は，選挙権および被選挙権をもたない．

第12条   会費未納5年以上の会員はこれを除名することができる．

第13条   本会に事務局をおく．その担当期間は原則として3年とする．

第14条   本会の会計年度は，毎年4月1日から翌年3月31日までとする．

第15条   この会則の改正は，理事会の発議にもとづき，評議員会および総会の議を経て，これを行う．

付則1   評議員選挙規程

    1   選挙は会員の郵送による無記名投票をもって行う．

    2   投票は学会事務局より送付する投票用紙によって行う．

    3   40名以内連記とする．40名をこえて記入したものは無効とする．

    4   開票は，会長から委嘱された会員（評議員を除く）若干名の立会いの下に事務局において行う．

    5   最下位当選者が複数となり，評議員当選者が40名をこえる場合には，女性と若年者をこの順で優先する．

付則2   理事選挙規程

    1   選挙は評議員選挙当選者の互選とし，郵送による無記名投票をもって行う．

    2   投票は評議員選挙後に，学会事務局より送付する投票用紙によって行う．

    3   18名以内連記とする．18名をこえて記入したものは無効とする．

    4   開票は，会長から委嘱された会員（評議員を除く）若干名の立会いの下に事務局において行う．

    5   最下位当選者が複数となり，理事当選者が18名をこえる場合には，女性と若年者をこの順で優先する．

付則3   監事選挙規程

1 選挙は評議員選挙当選者の互選とし，郵送による無記名投票をもって行う．ただし，理事は監事を兼ねることはできない．
2 投票は理事選挙後に，学会事務局より送付する投票用紙によって行う．
3 2名以内連記とする．2名をこえて記入したものは無効とする．
4 開票は，会長から委嘱された会員（評議員を除く）若干名の立会いの下に事務局において行う．
5 最下位当選者が複数となり監事当選者が2名をこえる場合には女性と若年者をこの順で優先する．

付則4　会長選挙規程
1 選挙は理事選挙当選者の互選とし，郵送による無記名投票をもって行う．
2 投票は理事選挙後に，学会事務局より送付する投票用紙によって行う．
3 1名記入とする．1名をこえて記入したものは無効とする．
4 開票は，会長から委嘱された会員（評議員を除く）若干名の立会いの下に事務局において行う．
5 当選者が複数となった場合には，女性と若年者をこの順で優先する．

日本科学哲学会研究倫理規程

2010年11月28日制定
2010年11月29日施行

目的
第1条　本規程は，日本科学哲学会（以下，「本学会」という）会員の研究方法と成果公表等に関わる遵守事項を定め，学会としての研究倫理上の社会的責任を果たすことを目的とする．科学哲学研究・教育の健全な発展のために，本学会は，「日本科学哲学会研究倫理規程」を制定するとともに，全会員に対して，知的不正行為の防止の必要性を強く訴えるものである．

会員の遵守事項
第2条　会員は，研究の自由を前提に，以下の事項を遵守しなければならない．
　1．本学会の運営にあたって，会員は，常に公正を維持しなければならない．とりわけ，本学会へ投稿される論文，本学会での発表の希望，および石本基金諸事業への応募に関して，その審査にあたる会員は，公正を保った審査を行わなければならない．
　2．会員は，研究成果の発表に際して，著作権を侵害する行為，とりわけ，剽窃・盗用を行ってはならない．同じく，名誉の毀損など，人権侵害を行ってはならない．
　3．その他，本学会諸規程に違反してはならない．

調査委員会の設置
第3条　会員は，第2条に挙げられた事項に対する侵害（以下，「不正行為」という）と思われる行為に関して，本学会事務局に訴えることができる．
第4条　不正行為の訴えがなされた場合，事務局はそのことを速やかに理事会に報告し，理事会は，第1条の目的を達成するために，調査委員会を設置して調査を行うこととする．
第5条　調査委員会は，理事会において指名された若干名の委員をもって構成する．

調査委員会の役割
第 6 条　調査委員会は，必要があれば訴えを受けた会員からの弁明の聴取も含めて，公正な調査を行い，設置から 3 ヶ月以内に，不正行為の有無に関する報告書を理事会あてに提出するものとする．

第 7 条　調査委員会委員は，調査事項について守秘義務を負う．

処遇の決定
第 8 条　調査委員会の報告を受けて，理事会は，訴えを受けた会員に関する処遇を決定する．不正行為が認定された場合の処遇は，(1) 不正が軽微であるために不処分，(2) 役員・評議員・各種委員の資格停止，(3) 学会誌への投稿，学会発表申し込み，および石本基金諸事業への応募禁止，(4) 会員の資格停止，(5) 除名，のいずれかとする．ただし，(2) と (3) は重複することができる．

第 9 条　処遇の決定は，理事会において，次の手順で行う．
　1.　初めに，(1) の不処分とするのか，それとも (2) ～ (5) のいずれかの処分を行うのかを，審議，決定する．その際，処分を行うという決定のためには，出席理事の 3 分の 2 以上の賛成を必要とする．
　2.　前項の審議において，処分を行うと決定された場合には，次に，(2) ～ (5) のうちのいずれの処分を行うのかを，審議，決定する．その際，(5) 除名の決定のためには，出席理事の 3 分の 2 以上の賛成を必要とする．

第10条　不正行為が認定され，処分を受けた会員は，理事会の決定に不服がある場合，処分の通知を受けた日から 1 ヶ月以内に，異議申し立てを行うことができる．異議申し立てがあった場合には，理事会は速やかに再調査を行うものとする．

第11条　調査の結果，不正行為の事実が存在せず，訴えが悪意によるものであると判明した場合には，理事会は，訴えを起こした会員に対して，第 8 条に準じた処遇を行う．

第12条　不正行為が認定され，処分を受けた会員が所属する研究機関等から要請があった場合には，理事会は，異議申し立て期間の終了後に，当該機関等に対して，不正行為に関する報告書を交付することができる．

改正・廃止の手続き
第13条　本規程の改正・廃止は，理事会において原案を決定し，評議員会および総会の議を経て，これを行う．

◆日本科学哲学会に関するお問い合わせは下記にお願い致します．

〒192-0397　東京都八王子市南大沢 1-1　東京都立大学大学院人文科学研究科哲学事務室内

日　本　科　学　哲　学　会

振　替　00170 - 2 - 55326
e - m a i l : p h i l s c i @ p s s j . i n f o
URL: http://pssj.info/

科学哲学　53 巻　1 号　　　　　　　　　ISSN　0289-3428

2020 年 9 月 30 日　第 1 刷発行

編　集　日　本　科　学　哲　学　会
発　行　〒 192-0397　東京都八王子市南大沢 1-1
　　　　東京都立大学大学院人文科学研究科哲学事務室内
印　刷　株　式　会　社　文　成　印　刷
　　　　〒 168-0062　東京都杉並区方南 1-4-1
発　売　（株）駿　河　台　出　版　社
　　　　〒 101-0062　東京都千代田区神田駿河台 3-7